Forschungsschwerpunkt Moderner Orient
Förderungsgesellschaft Wissenschaftliche Neuvorhaben mbH

■ Annemarie Hafner
■ Joachim Heidrich
■ Petra Heidrich

Indien:
Identität, Konflikt, soziale Bewegung in einer pluralen Gesellschaft

Arbeitshefte Nr. 1

Verlag Das Arabische Buch

Die Deutsche Bibliothek - CIP-Einheitsaufnahme

Hafner, Annemarie:
Indien : Identität, Konflikt, soziale Bewegung in einer pluralen Gesellschaft / Annemarie Hafner ; Joachim Heidrich ; Petra Heidrich. - Berlin : Das Arab. Buch, 1993
  (Arbeitshefte Forschungsschwerpunkt moderner Orient ; Nr. 1)
  ISBN 3-86093-024-9
NE: Heidrich, Joachim:; Heidrich, Petra:; GT

Vorwort

Der Forschungsschwerpunkt Moderner Orient in der Förderungsgesellschaft Wissenschaftliche Neuvorhaben mbH, einer Tochter der Max-Planck-Gesellschaft zur Förderung der Wissenschaften, entstand, wie sechs weitere geisteswissenschaftliche Forschungsschwerpunkte, aufgrund eines Vorschlages des Wissenschaftsrates und besteht seit Anfang 1992.
Mit seinen regionalen Arbeitsgebieten Vorderer Orient, Südasien und Subsaharisches Afrika deckt er wie kaum eine andere nationale oder internationale Forschungseinrichtung gleichzeitig Regionen der Welt ab, die durch eine besondere Konfliktträchtigkeit gekennzeichnet sind. Von seiner Aufgabenstellung her zur Grundlagenforschung aufgerufen, bemüht er sich daher multidisziplinär und vergleichend, die tieferen Ursachen für das Entstehen der zahlreichen gesellschaftlichen Spannungen und kulturellen Verwerfungen in den drei genannten Regionen zu ergründen. Die Ergebnisse dieser Arbeit sollen nicht zuletzt denjenigen Forschungseinrichtungen, die sich mit der Analyse aktueller Konflikte befassen, eine Basis für ihre Arbeit bieten.
In seinem Forschungsprogramm konzentriert sich die Arbeit des Forschungsschwerpunktes Moderner Orient auf zwei Themenkomplexe. Der erste, *Indigene Transformation als Prozeß: Auseinandersetzung, Synthese und Neubildung*, umfaßt Forschungsvorhaben mit Themen wie: Indiens Aufbruch in die Moderne, Kolonialismus und Ökologie im Kontext der Geschichte Tanzanias, Islamische Solidarisierung in der Dritten Welt - Geschichte, Politik und Ideologie der Organisation der Islamischen Konferenz (OIC). Der zweite, *Wechselseitigkeit in ungleichen Beziehungen: Deutschland, der Orient und Afrika vom 18. bis 20. Jahrhundert*, subsumiert Forschungsthemen wie: Die Rolle der Afrikaner im Burenkrieg, Arabische und muslimische Migranten in Deutschland oder Geschichte der Beziehungen Deutschlands mit Indien 1871 - 1914.
Die gegenwärtigen Entwicklungen im Nahen Osten, Indien oder im südlichen Afrika lassen eine grundlegende Analyse ihrer jeweiligen kulturellen, religiösen, politischen, ökonomischen und sozialen Wurzeln dringend geboten erscheinen. Dazu will der Forschungsschwerpunkt Moderner Orient einen Beitrag leisten. Zugleich soll einer weiteren deutschen Öffentlichkeit aber auch die historische Tiefe und die häufig in Vergessenheit geratene Intensität der kulturellen und politischen Beziehungen des Landes zu den erwähnten Regionen vermittelt werden. Der Schwerpunkt sieht dies in den Tagen von Rostock, Mölln und Solingen als eine ganz besonders dringende Aufgabe an. Er will so zum Gelingen eines friedlichen Miteinander der verschiedenen gesellschaftlichen Gruppen und Kulturen in Deutschland beitragen.

Das vorliegende erste Arbeitsheft des Forschungsschwerpunktes Moderner Orient bildet den Auftakt zu einer Reihe, in der die Mitarbeiter des Schwerpunktes die Ergebnisse ihrer Arbeit zur Diskussion stellen. In rascher Reihenfolge sollen hier Etappen der wissenschaftlichen Arbeit bekannt gemacht werden. Die Arbeitshefte sollen ein Forum der wissenschaftlichen Auseinandersetzung, aber auch eine Dokumentation des Wachsens von Wissen und Erkenntnis darstellen.

Berlin, am 3. Juni 1993

Peter Heine

INHALT

JOACHIM HEIDRICH:
Identity and Conflict. Perspectives on the
Transformation of a Plural Society   7

ANNEMARIE HAFNER:
Gemeinschaft, Klasse, Nation - Werte und
Handlungsmotivationen von Industrie-
arbeitern im Indien der zwanziger Jahre   33

PETRA HEIDRICH:
Kastenbewegungen und Wertewandel.
Die Nichtbrahmanenbewegung und die
Ansprüche der "Anderen
Rückständigen Kasten"   53

JOACHIM HEIDRICH

Identity and Conflict

Perspectives on the Transformation of a Plural Society

The dynamics and dimension of social conflicts in developing countries and the difficulty to understand and to handle them in the context of a changing global situation necessitate a fresh look and theoretical re-thinking. This comes at an intellectual moment when "accepted modes of cognition and political practices are deeply interrogated"[1]. Any macro-level approach to the phenomenon at this stage cannot escape an element of speculation - even if the theme is confined to South Asia and, more specifically, to India. A large amount of empirical data has accumulated and the complexity of the subject as well as the multiciplity of factors involved suggest various interpretations, as the corpus of literature on the subject demonstrates. The analyses also bear out the inadequacy of the available conceptual tools. While dealing with the subject one has to bear in mind that "these societies are engaged in an intense interrogation of themselves"[2]. This paper intends to discuss a few aspects of current conflictual situations in the context of transformation of society.

The debate on the dimension of social conflicts in emerging nations - especially when particularist tendencies are involved - tended to focus on the "crisis of the post-colonial nation state". Other forms of intra-societal conflicts have for a long time been attributed to the replacement of "traditional" by "modern" institutions and values or forms of social organisation, respectively. More recently, the changes in the interrelationship between social dominance and political power and the changing conditions for the construction of hegemony which accompanied the process of modernisation are being investigated. Finally, the "tremendous democratic ferment"[3] which recently swept the developing world encouraged the analysis of changing state - society relations[4] and put a new topic on the research agenda, namely, the chances for the emergence of a civil society in Third World countries.[5]

Referring to the arguments brought forward in course of the ongoing debate, the present author suggests an approach which focuses on longer-term structural changes that began under colonialism and the then existing alien hegemonic state and which continued and assumed new proportions and features in the altogether different and fast changing internal as well as international environment of post-colonial societies.

Third World Scenario

The Third World emerged as the main theatre of violent conflicts and local or regional wars ever since the end of World War Two. South Asia had its share in the confrontations. There is sufficient evidence to show that in most cases the confrontations were neither directly linked with the decolonisation process nor with the East-West conflict during the Cold War-period. Moreover, the focus of Third World conflicts clearly shifted over the decades. The majority of the conflicts which affected and involved those parts of the globe in recent decades did not fit into the classical pattern of inter-state wars. Instead, intra-state violent conflicts which originated from factors located within the society rose as the numerically preponderant phenomenon.[6] Again, intra-state conflicts tended increasingly to focus on religious and national or ethnic communities. The trend led to the identification (since the sixties) of ethnic conflicts in the Third World as a distinct category which soon contributed not only the numerically largest but potentially perhaps the most powerful or at least more violent type of conflicts in developing countries.[7]

The close interlinkage between the fate of individual countries and world development was generally recognized. But basically the situation in Third World countries defied explanation sought to be achieved by applying yardsticks or concepts which were derived from experiences gained in Europe or North America.[8]

Increasingly the state of society rather than that of the "nation" - as a synonym for political unity - and the chances for "managing" social conflicts attracted attention as the fundamental issues before developing countries. Towards the close of the 20th century new chances seemed to be open for tackling urgent problems which surfaced in course of the transformation set in motion by decolonisation and the consecutive post-colonial evolution of society in a bipolar world dominated by the Cold War. But at the same time counter-vailing forces and factors entered the stage which are not exclusively of recent origin.

Trends in South Asia and Their Perception

The South Asian experience corresponds to the trends observed elsewhere. Between 1947 and 1971 the subcontinent was basically "at war with itself", as Stanley Wolpert put it.[9] The most spectacular events during the period were confrontations resembling inter-state wars. They reflected primarily the assertion of the new larger nation states on the subcontinent in the early post-colonial phase. While acute inter-state conflicts could at least partly be controlled, a stable peace or an effective mechanism for settling outstanding regional disputes was not installed. The status quo achieved henceforth influenced the internal political climate. Tensions with neighbouring powers were likely to impart a sense of common danger, as happened during the 1962 India-China border war. There were permanent repercussions of the external conditions on the identity-building of individual communities who constituted major components of the composite population and who became politically agitated.

A lasting result was the emergence of an imbalanced power framework in the region which established India's lead over its neighbours in the subcontinent. This continuing unstable inter-state relationship crystallized in a conflictual equilibrium that influenced the intra-state conflicts which emanated from processes of sub-regional integration and the consolidation of religious, national or ethno-cultural communitiy-identities - notwithstanding the changes caused thereafter by the uneven development of individual countries and by the fluctuating international climate. The region distinguishes itself today by the absence of an efficient system of inter-state cooperation - the feeble steps towards establishing a South Asian Association for Regional Cooperation produced only limited results so far.

India's development attracted a considerable amount of attention, both of scholars and politicians, because of the belief that the fate of this country, out of sheer weight and as an example, would influence the future of other post-colonial states in Asia and Africa. The Indian paradigm has in the past frequently been quoted when Third World developments were discussed.

The post-colonial period threw up issues which neither students of developing countries nor the Indian leadership had anticipated. Once independence was won, the major political forces considered the consolidation of national political union or the creation of political coherence through the establishment of a nation state as the indispensible and foremost precondition for the rehabilitation of the country and for putting it on the road to progress. Only one way would lead to the desired goal: a nation-state had to be created. The new elites "accepted the validity of Western concepts like sovereignty and the centrality of a nation to any political order."[10] India's dominant political sections accorded priority to national integration, modernisation and advance in terms of economic development, to establishing social justice through reforms and to evolving a participatory democracy. The first post-colonial decade passed relatively quietly, so far as these aspects were concerned. Foreign commentators highlighted India's adherence to democratic institutions and principles while committing herself to thorough changes. Analysts acknowledged distinctive features of the Indian development, in particular the quest for radical economic changes through a constitutional procedure. This was acclaimed as being of signal importance for economically underdeveloped countries and India's path was preferably contrasted with that chosen by the other giant of Asia, that is China.[11] Apart from an obvious ideological bias which coloured the interpretation, the authors almost unanimously spelled out their anxiety about the perspective of India's ambitious development programmes, stressing that on their success the country's political stability would depend. But they noticed a cloud of uncertainty hovering over the outcome and at an early stage pointed to a discrepancy between promise and performance which might precipitate a coming political crisis.[12]

An upsurge occurred of so-called communal, regional or subnational movements which generated centrifugal tendencies. The events reflected the sharpening of existing cleavages based on caste, class, ethno-linguistic and religious community ties. The conflicts manifested themselves chiefly through violent interaction and civil war-like encounters of politicized communities of interest groups who claimed a particular ethno-cultural or religious identity and who were mobilized for collective action in pursuit of material interests. The groups clashed with the state power and/or with each other.

The reasoning then was that political independence and the installation of a national government had raised great expectations among the people. But the failure to meet them might unleash a potential which soon could turn the ongoing "revolution of expectations" into a "revolution of frustrations". Once this happened, the orderliness of the transformation would be upset and democracy seriously undermined or destroyed. In its place a totalitarian order of either a right military dictatorship type or one of left persuasion was likely to be established.[13] Interpreting the agitation for the reorganisation of states during the fifties as a tendency towards regionalisation, Harrison anticipated "a series of authoritarian political forms" as the likely price India would have to pay for meeting the nationally disintegrative forces.[14] The attention now turned to a "deeply indigenous threat to the maintenance of orderly national government" which was supposed to originate from the "age-old ... tendency of the Indian body politic to splinter into regional and communal fragments"[15]. The view was corroborated by a strong opinion which singled out Indian traditional institutions and values and their persistence as the root cause of the slow and staggering movement of the country and as the most serious obstacle to change and modernisation.[16] But the earlier gloomy forecasts proved wrong. Looking back after four decades of continuous development of constitutional democratic government and recalling how precarious was the prospect of Indian democracy at the moment of its beginning, a thorough analysis "implies that the successful maintenance of democracy in India has ensured the stability of the new state and reasonably steady development, achieved with a degree of self-reliance and relative freedom from world economic oscillation that is rare in contemporary history."[17] In the process, however, other problems shot into prominence which were conditioned both by the structure of the society and by the pecularities of its transformation as well as such factors like the tremendous population growth and the changing internal power equations.

Role of "Traditional Conflicts"

Contradictions bearing the marks of religious or ethnic identity were called traditional conflicts. The attribute traditional points to a dilemma of conceptualisation. The term implied two things. First, that the conflicts were not of recent origin, unlike conflicts which emanated straight from contradictions between newly emerging modern social classes. And second, that the groups involved represented a type of human organisation which was pre-modern in origin. By now many scholars agree that the mobilisation of ethno-cultural, ethno-linguistic or religious communities into political action groups was itself a product only of the modern period. The phenomenon gained prominence and acquired its capacity as a powerful socio-political factor mainly in the post-colonial period.

Attempts to respond to the fluctuating circumstances originated from what has been termed "relative deprivation", a phenomenon which became an important motive force for social and political actions. But the tendency set in motion manifested itself also in other forms. It determined, for instance, to a considerable extend that potentially dangerous "competitive communalism" which throughout independent India's history adversely affected chiefly the minorities and which provided a fertile ground for majority communalism while, at the same time, wrongly projecting the competing communities as homogeneous bodies.[18] In this context the issue of state's responsibility for safeguarding sectional interests and for maintaining a climate conducive to the national development came into focus. Similar trends and forces made their appearance at the level of ethnic movements. Hence, the salience of ethnicity as "a strategy of purposive mobilisation in a civic society ... needs to be examined in the overall nexus of state and society within which lie the challenges of nation-building."[19]

Paradoxically, the path for this development was at least partly prepared by the change of the institutional context of Indian political life after independence, i.e., by the establishment of a secular state and a citizen-based policy denying political recognition to religious communities.[20] The introduction of such elements into Indian society and polity constituted by itself a step towards building a modern civil society. But the move, at the same time, caused certain effects unintended by those who advocated and supported this kind of modernisation through a "quiet revolution". As pointed out by Srinivas, the adoption of the principles laid down in the Constitution of 1950 in a backward agrarian country with a largely illiterate population also opened the way to increasingly violent social changes. The implementation of the chosen type of democracy through adult franchise was achieved by putting to new uses traditional institutions like caste and ethnicity, patron-client relations, kinship and locality.[21] Contrary to expectations, the advent of facilities for organizing political life on a non-communal basis, the "traditional" conflicts became a relevant factor which obstructed the national political unification as envisaged by the national liberation movement. They seriously inhibited the nation-building that had been put high on the political agenda. The upsurge of such conflicts indicated the limitation of the process of secularisation which was initiated by a new leadership through social legislation as well as by measures ranging from industrialisation to adult literacy campaigns.[22]

When applied to South Asia the notion of traditional conflicts proves unsatisfactory since it leaves out another type of traditional institution which contributed substantially to the shaping of contemporary conflicts - the all-pervading institution of caste. In recent decades, caste served as a focus of identification and as a functional base for fighting out conflicting socio-economic and educational interests or claims for access to the public service by social groups and strata. Social claims were raised by referring to the status laid down in the traditional hierarchical system of stratification. In the country-side, acute conflicts continue even today to be canalized largely along caste-lines, and "caste-wars" have assumed menacing proportions in some areas, particularly in the populous state of Bihar.[23]

Yet caste conflicts represent a category of their own. Whereas particular interests articulated in the name of ethnic or religious groups exert pressure mainly on the horizontal level as a centrifugal force vis-a-vis the nation state, the hierarchically structured system of castes nurtured forces which first of all tend to perpetuate inequality by the separation and segregation of groups of society vertically. Social conflicts rooted in the institution of caste are generally centered on a locality or sub-region and do not immediately affect the national political integrity. But today they constitute a powerful set of acute contradictions in India and erode the matrix of national solidarity, the strengthening of which was needed in order to underpin the sovereign existence of the country and to rally its human resources for developmental purposes.

Whereas caste is widely recognized as a peculiar Indian phenomenon, ethnicity or ethno-nationality has of late become an even more fascinating subject since it became endemic in many parts of the contemporary world: In a spectacular manner as a major centrifugal force in the ex-socialist countries of Eastern Europe and in the former Soviet Union, and a little less spectacular, but nevertheless discernible as a factor which contributes to building up particularist identities and movements also in Western societies like Canada, Spain or Great Britain. This corroborates the observations made in Third World countries. At the same time, even a cursory view suggests a more discriminating attitude and examination of the concrete situation. In many cases the reassertion of particular ethnic interests of numerically and socially relevant groups and more so, the acute conflicts between major nationalities tend to release a disintegrative potential which immediately endangers the integrity of the political union or nation state. In other cases like that of Britain, the appeal to ethnic affinity and the revival of a separate ethnic community consciousness raises serious obstacles in the way of building a multi-racial society. Again, if a major community controls state power in a multi-ethnic, multi-national society like Pakistan, the autocratic power of the central government is identified by disadvantaged regional groups as domination of a particular community, whereas in India, "no single ethnic group can be similarly identified as a dominant holder of state power at the centre. Politics of ethnicity in India have, therefore by and large, been displaced on to local arenas, taking the form of 'communalism'"[24]. India's case contrasts with that of several other developing countries, especially in Africa, but also with neighbouring Sri Lanka: her post-colonial state did not undergo a process of "ethnicisation".

Problems of Conceptualisation

The debate on the role of ethnicity, nationality and nationalism in post-colonial development and in the configuration of current conflicts seems to have been marred by a certain conceptual ambiguity. Various "conceptual orders of 'ethnicity' ... apply to a wide range of self-conceptualizations and social behavior and experience"[25]. Provided manifest ethnicity and ethnic differentiation have definite ethnic groups as a concomitant, the impulses and motivations of group activities are "determined by a complex interaction of social forces. Thus, ethnicity may be viewed as a device as much as a focus for group mobilisation by its leadership through the select use of ethnic symbols for socio-cultural and politico-economic purposes."[26]

Frequently the terms ethnicity and nationality are being used interchangeably, without referring to the historical specificities of the situation and the factors which caused the entry of an ethnic group into the political arena. The ambiguity is reflected by the manner in which, in the absence of objective criteria, sometimes the description of ethnic sentiments or moves for national autonomy is loaded with the positive connotation of patriotism, while in other instances the stigma of separatism is attached. But recent events have re-invigorated scholarly perceptions of ethnicity which had partially already been discounted.

A notion put forward in the South Asian context suggested to detach sentiments and moves reflecting 'communal' aspirations from the larger issue of nationalism and to treat them in their own right as expressing the desire of particular groups of self-assertion in a culturally plural society governed by unequal relations.[27] Another conception clearly distinguished between ethnicity as a separate social and mainly culturally predetermined category, and the type of a social group, where people are organized into some form of collectivity.[28] Such notions treat ethnicity as a manifestation of primordial sentiments and presuppose "that the boundaries of groups are pre-given and exist as culturally delineated objective facts"[29]. The perceptions quoted neglect or circumvent the role of the contextual factors that precipitate subjective perceptions of ethnic identity and which are instrumental for the conversion of an ethnic group into a political action group. The frontiers of identities are, however, not static and the criteria of identification change. In addition, ethno-national identity building and regional identiy building tend to overlap, the former being determined mainly by cultural factors, the latter by economic and social criteria or the growth of regional disparities. An originally genuine ethnic movement may in course of time, virtually develop into a movement for regional autonomy involving diverse ethnic and cultural elements, as the case history of the Jharkhand movement demonstrates. An entirely different picture emerges from the "pre-history" of Bangladesh. It provides an example of how an initially "non-secular nationalism for Bengalis who had embraced Islam in the fourteenth and fifteenth centuries gradually became more religio-ethno-linguistic nationalism in the nineteenth and twentieth centuries"[30]. On the other hand, the evaluation of subnational processes and movements usually revolved round the institution of the nation state as the central point of reference. The situation occasioned questions in regard to the connotation of the nation state in the Indian context as well as to the basis of India's nationhood.[31] The scholars are basically grappling with the fact that in the Third World the modern state is coming into existence without a nation being formed, whereas in Western Europe the notion of a modern state and that of a nation emerged almost simultaneously. But this very notion of the nation state has meanwhile come in for a fresh appraisal.

As Ravinder Kumar argues, "the notion of the nation-state ... now stands revealed to be a notion whose visualisation in popular consciousness is quite different from what intellectual elites, in Europe or in the Third World, had assumed in their scholarly and interventionist roles".[32] Even the hitherto common perception of the nation state in the West as an institution that at once enjoyed the full legitimacy and did express the will of the nation in its entirety has now seriously been questioned. A critical look at the vexed problem has been ventured by Etienne Balibar who proposed the concept of "nationalisation of society". The notion is derived from the factual historical process which the author analyses from the point of view of the world system theory. According to Balibar, the present-day upsurge of nationalism in different regions of the globe is only part of the formal universality of the international system of states. Contrary to the 19th century perception of the national state as ideally representing an almost homogeneous aggregation of people with a common or national outlook and behaviour, the author distinguishes between the national state form of a social formation and the actual process of nationalisation of a society.[33] He concludes that nationalisation of society, as a rule, proceeds historically delayed. This is reflected by the incomplete involvement of all social groups or classes in the process and the failure to effectively accomodate them in the national fabric. The process, if accomplished, would have been tantamount to establishing a "national-social state" which, however, did nowhere come about. Thus the phenomenon can be identified as a perennial source of latent conflict potential which matures under the umbrella of the nation state as a political institution. The approach puts the national aspect of society in evolutionary perspective and relinks it with the society's own development and transformation. The concept may therefore be helpful for dealing with subnational identities.

Entering the Political Arena

The role of ethnic factors in a particular conflictual situation, their capacity of even becoming a major source of conflict, and the scope of the policy of ethnicity for fostering centrifugal force depends on a variety of contextual factors. They comprise the nature of the inner fabric or the degree of cohesion of society, the degree of democratic legitimation of the state power and the integrational capacity as well as flexibility of the political system. The cohesion of society receives its strength from a certain minimum level of socio-economic development and from the network of interrelations between regions as well as between different sections of the population. The unequal involvement in the national growth process, an uneven spatial growth and economic disparities doubtlessly support diverging trends, contribute to building up contradictions and, eventually, to an open slash of interests, as is amply borne out by the recent history of India and Pakistan.

Secondly, cohesion depends on the operational strength of the factual - not formal - legitimacy of the nation state. This is reflected in the latter's ability for aggregating different and differing groups, the criterion being the manner in which the various components of the population and members of different sections of society are prepared to support the state, to identify themselves with it or concede to the merger of particular community interests with those of the larger entity. In the context of the composite structure of Indian society where multiple religious, cultural and ethnic loyalties co-exist and penetrate the social ties, the principle of secularism was introduced as a means to facilitate integration through the state. The nation state's legitimacy finally depends on adequate arrangements for the participation of all sections and groups in a flexible mechanism of decision making which, simultaneously, offers sufficient opportunity for articulating, recognizing and balancing the various interests concerned. Jawaharlal Nehru's policy of advancing by consent set an example of how the principle could be implemented. The multiple composition of India's population encouraged the founders of the republic to envisage the resolution of political conflicts through a democratic process.[34]

A third determinant consists in the capability of the political system for ensuring the articulation of political aspirations through a multi-party structure. In this respect India stands out among developing countries because of the resilience of its brand of parliamentary democracy. It proved rather stable and capable of weathering many storms - despite obvious deficiencies and the setbacks it received from time to time. Indian polity was generally able to cope with the changing situations as it had acquired "stability not in the sense of a stationary state but in the sense of regulated movement."[35] Contrary to gloomy forecasts made repeatedly since the sixties regarding an imminent breakdown of the political system, the pattern of domestic political relations on the whole performed an integrating function for the entire society. Stresses and strains notwithstanding, historical experience supports the opinion that the system has proved viable.[36] An element of stability in the political sphere can be identified. There exists an invariable allegiance to major political parties or political groupings which overrides the social polarisation and differing social position of groups or individuals. As Rasheedudin Khan observed, in India as in other liberal democracies of Asia, the dominant competing parties "have more or less the same social and electoral base of support, and almost similar policy perspectives."[37] The factor contributed singularly to the smooth transfers of power at the centre, but perhaps, equally accounts for the recurrent "resurrection" of the largest party, the Indian National Congress, which was repeatedly pronounced withering away or dead as a national integrating force. The disquieting features witnessed today need, therefore, not automatically signify a point of no return but simply a "crisis as usual."[38]

Even though at present "traditional" conflicts make a much more dramatic and spectacular show than others, contradictions rooted in antagonistic social and class positions have not altogether been eliminated. They exist and not merely support contradictions built upon diverse communal loyalties but tend to cut across or reach beyond caste, ethnicity, and religious boundaries. Events like the militant struggle of landless labourers in parts of Andhra Pradesh in the early nineties for the implementation of laws on land ceiling and minimum wages or the 1992 worker's agitation in the industrial centre of Bhilai reflect the capability of members of various communities to join hands in the fight for common goals.

The very complexity of the issues thrown up at the conceptual level necessitates a composite view of the total social reality in order to obtain an adequate perception of the long-term trends of social transformation as well as to put current conflicts in a proper perspective.[39] The prevailing multiple structure of society per se can hardly be rated as a historical burden, rather perhaps as an asset. For throughout history Indian culture and society has demonstrated a remarkable capacity for integration and amalgamation and it gained from the synthesizing of several streams. That is why an analyst expressed confidence that "the integrational capacities of Indian society will further consolidate and make more use of its cultural, religious and social diversity."[40] A viable democratic set-up would certainly facilitate an atmosphere in which such a process could mature.

The statement quoted was not meant to minimize existing problems. But the real challenges also call for an overhaul of the theoretical instruments for dealing with them. The correct appraisal of the strength and resilience of the cultural and socio-ethnic phenomena pose a formidable task, while avoiding a shift towards ethnic reductionism in the attempt to rectify methodological shortcomings which followed from a one-sided approach to the social or class factor.[41] The experience (not merely of developing countries) suggests that ethno-national identities which emerged in a concrete historical situation are capable of functioning as political units seemingly independent of the class structure of a society.

Towards A Civil Society

The course of events has indeed tempted scholars to study ethnic conflicts in isolation. It would, therefore, be appropriate to refer to a considerate opinion which stresses the close and continuous interrelationship between ethnicity and other factors, the variable role played by ethnic aspects during various stages of a conflictual situation and the simultaneous impact of other factors which operate as co-determinants in the evolution of a specific conflict.[42] The argument thus put forward points to the almost perpetual presence of ethnicity in various shapes as an element of intra-societal relations, more prominently so in any multi-cultural and multi-ethnic set-up.

Certainly, ethnicity has not only recently been discovered. The reason why attention now focusses so intensely on it is also due to the failure of an earlier expectation. For a long time there was a widely held belief that in a plural society the ethnic factor would recede into the background in course of social evolution and as a result of the democratic process of "nation-building". Particularly in the case of countries which emerged from colonial domination through prolonged struggles for national liberation the nation state was expected to constitute the focus of a new identity that would override all primordialities. This, however, did not materialize. In fact, the awakening which accompanied the national movement during the colonial period stimulated, as a corollary, the articulation of particular interests and fostered group or community consciousness. This even led to the emergence of a revived or a new version of a particular group or community solidarity that took shape as a side-effect of constitutional reforms which envisaged separate representations on elected bodies. The dual trend constituted the background for the continued relevance of Indian nationalism even today. It can be held responsible for creating a situation which Bipan Chandra briefly described as follows: "India's linguistic units are united economically and politically even while culturally autonomous."[43] The government of independent India, therefore, faced the complex task of maintaining a unified nation state through its coercive powers and of "getting the population as a whole and groups within the society to accept a set of rules and political institutions under which differences can be negotiated".[44]

At the political level an integration of various ethno-cultural segments into the realm of the new state could be accomplished which did not mean, however, a merger of the components into a homogeneous type of a national community. The policy enunciated by Nehru aimed at creating a political process which incorporated and provided for chances to articulate all important interests. Special legislative measures - like the acceptance of the principle of "protective discrimination" in favour of underprivileged, that is, economically and socially weak, oppressed and exploited or educationally disadvantaged groups in the old hierarchical framework - were introduced in order to diffuse grave contradictions and to minimize inter-communal conflicts which could not easily be overcome otherwise - particularly in view of the underdeveloped state of the economy and the inherited social structure with its accompanying institutions and values. The texture of Indian society "rested upon multiple loyalties and social configurations"[45] which constituted a continuum of remarkable persistence so far as the daily life of the people was concerned. To the extent the nation state could bring together diverse loyalties and absorb different social classes into the political process with the help of modern institutions, it established for itself a "national" base. The political integration of the various components of the population was a prerequisite for the effective functioning of a representative type of government. The objective was sought to be established through a federal state structure and the reorganisation of individual states of the Union on a linguistic basis. The arrangement, since its finalisation in 1966, has since frequently been questioned. Along with demands of further federalisation, of late a renewed discussion is being conducted on the feasibility of another reorganisation.[46]

The nation state, when established, could not homogenize social interests and bring about social solidarity which was a cherished goal of the Indian national movement. As a result, there accumulated an amount of discontent which represented a potential for conflicts that could find an outlet through traditional or through new channels. The problem rose to considerable magnitude because of historical circumstances. As M. Weiner pointed out more than three decades ago, the combination of organisation and of unorganized discontent made the potential for violence so great in

South Asia.[47] Over the years the accumulated discontent surfaced through unconventional channels. The increasing mobilisation of large sections of the population created preconditions for the emergence of a broad spectrum of social movements which either transgress or function independently from established political parties and organisations.[48] The social movements are in fact posing an extra-parliamentary challenge to the existing party system. They clearly represent a tendency towards establishing a participatory form of democracy. The new social movements compete also with and operate outside the institutions of a "grass-root democracy" which the dominant forces tried to introduce through the panchayati raj-system.

The role of the contemporary state has chiefly been perceived as that of an instrument for safeguarding the sovereignty of the country, securing its territorial integrity and modernising it. More recently the need ist being felt to interrogate the state's relationship to the state of society and to the transformation this society has been experiencing. While applying such criteria, the post-colonial state stands exposed as having failed to act as an agent of social change and in helping to overcome that degree of social inequality which constitutes a perennial source of conflict and violence. Usually the bureaucracy - essentially a product of the colonial period - is being singled out as the main culprit. But in the post-colonial conditions the bureaucracy functioned both as a factor of maintaining the status quo as well as a factor of stability. The latter role assumed significance in the face of a "loss of stability" which seems to be unavoidably connected with the process of modernisation due to the disintegration of traditional institutions and structures. The wider implications of the interrelationship between the state and the affairs of the society need to be studied, particularly the relationship between state and the emergence and functioning of a democratic system. Confining the role of the state to that of a national political institution would be tantamount to overlooking some salient aspects. There are compelling reasons to discard such a narrow attitude for, as R. Kumar beliefs, "the overarching identity of contemporary India can be expressed more cogently through the notion of 'Civilisation-State' rather than a 'Nation-State'."[49]

"Decline of Social Order" or Transformation of Society?

In a long-term perspective, the present transformatory process affecting the societies of developing countries received its main thrust from the expanding capitalist relations of production and a strong impetus from the introduction of elements or institutions of a civil society. The changes included a fundamental transformation of the mental world of social groups and individuals through interaction with the West. The changes of pre- and post-colonial societies extended far beyond the mere introduction of new relations or institutions and the replacement of older ones. The comprehensive process of interaction, rejection, acceptance, renewal and synthesis which began under colonialism and soon assumed global dimension cannot satisfactorily be described by the two expressions, 'modernisation' and 'westernisation', as T. Raychaudhuri argued.[50]

The social forces who took an active part in the process usually spelled out clear perceptions of their objectives. But the final outcome of the current changes will at present be difficult to forecast. In all probability we are now witnesses to the manifestation of a particular stage in a historical transition which has aptly - though negatively - been captured by the phrase "decline of a social order."[51] The term suggests a decline of a system of institutions and established values without an alternative yet taking its place. In the eyes of a cogent observer, "Indian society is still in a great flux and has not found its moorings ... a new social structure has not fully evolved."[52] The fluctuating situation creates a fertile ground for the emergence and growth of contradictory trends which embrace new spheres, as the rich literature published on the subject reveals.

The concept referred to seems to exclude the possibility of a 'modernisation of tradition' or the traditionalisation of modernity, which does occur if particular interests of social classes and groups are pursued by mobilizing "primordial loyalties" and symbols. The conceptualisation of social transformation must do full justice to the scope and nature of the social dynamics to which it refers. A major requirement would be to recognize the decolonisation as the factor which was chiefly instrumental in setting the comprehensive process of transformation in motion and essentially determined its course.

Initially, the reaction to the impact of the West and the colonial rule was more that of social groups rather than of individuals to the change of their social status, their facilities to participate in the new economic relations, in the administration, in the judicial system and in public and political life. The impact of colonial capitalism on the social structure and the introduction of an alien system of administration deeply affected various social strata and groups both on top and at the bottom of society. New strata and classes emerged. But over a long span of time the changes occurred primarily within the institutional and value framework of the traditional order and caused mainly a re-stratification of society. Hence, the reactions were largely canalized through established groups or communities. At the same time, they acquired specific traits depending on the communities' status in the social set-up or on their differing attitude to the colonial state and power structure. The latter feature can be held responsible for the emergence of that element of competition between various groups of the population in the quest for power which the Cambridge school of historians mistakenly singled out as a fundamental attribute and motiv force of Indian nationalism. The continued relevance of community ties and the tradition of a hierarchically stratified society is still echoed in the manner in which till today social groups stake their collective claims for "discriminatory" support in order to move up the social ladder. Despite the long impact of market forces on the economic life of the people, the influence of liberal ideas and the introduction of the concept of civil and individual rights in the realm of law and politics, the advancing individualisation has not yet abolished that age-old corporate principle - although changes in this direction constitute a significant feature of the "decline of a social order." This adds to the sources of current conflicts.

The introduction of institutions of bourgeois democracy including the system of political representation which has taken deep roots in Indian soil was not accompanied by the spreading of bourgeois rationalism as a constituting factor of social relations and individual behaviour.

Another important aspect emanated from the limited range and the sequence of basic changes. On the one hand, Indian society is still to a large extent based on pre-capitalist principles. Traditional hierarchical relations continue to exist in the countryside and extra-economic coercion dominates considerable spheres of social hierarchy. In fact, the bulk of the producers remained detached from the capitalist elements of real production and considerable sections of the population did not enjoy a share in the increase in the national product. "In the case of vast sections of the poor, including specially the rural poor, poverty is perpetuated because the poor are outside those main forms of economic activity where the major part of the national product is generated."[53] The sections concerned were mostly those linked with the "informal" or "unorganized" sectors of the economy. They continued to be detached from major aspects of modernisation. But they were the main sufferers as pauperisation and social degradation proceed which, in turn, resulted in the people seeking a kind of social security or safeguards by turning to traditional institutions and values. In addition, the existing barriers which rested on the unequal positions occupied in the hierarchical social and power structure got strengthened because of a palpable communication gap. The strata and groups which embodied, reflected and disseminated new values and standards demonstrated their inability to communicate these to the lower strata of society. The difficulties in imbibing ideas of secularism on the minds of the people can be pointed out just as an example.

On the other hand and simultaneously, a process of large-scale politicisation originally set afloat by the incipient decolonisation proceeded at a much faster pace than shifts in the socio-economic positions - particularly so far as socially disadvantaged groups were concerned. Bipan Chandra drew attention to a peculiar but constitutive historical factor which intervened in the transformation of society. Although the colonial state represented a strong or hard variety and was established as well as maintained chiefly by force, British rule in India was simultaneously "based on the creation of certain civil institutions and the rule of law, a certain amount of civil liberties".[54] Those semi-hegemonic and 'civil' features of British rule not only conditioned the reaction of the Indian nationalist forces towards it but later on provided the point of departure for the construction of the independent state and the new political system.

The introduction of principles and institutions of liberal democracy did not automatically lead to synchronizing the political structure with the socio-economic conditions. The contradiction crystallized despite the fact that the ruling elite has included the realization of basic human rights among the main targets of its political programme since 1947.[55] The diverging tendencies which resulted from that state of affairs ran counter to the officially declared policies. Ameliorative measures and programmes meant to elevate the "Underprivileged" did not succeed in abolishing inequality in the distribution of power which is rooted in traditional institutions or structures. Furthermore, the new social stratification which came about as a consequence of recent socio-economic changes added a new dimension to the fabric of inequality and strengthened the phenomenon which Johan Galtung termed "structural violence".[56] The degree of social cohesion aspired for by the forces in power in independent India could not be accomplished. The society remained unequal and fragmented by tribal, caste, ethnic, class and other cleavages. In such circumstances, a "maldevelopment" took place, "that means unequal opportunities in the competition for jobs, services, educational and social facilities and ... aggravates group and class conflicts and accentuates individual frustration."[57]

Development, Democracy and Social Reconstruction

Do the features mentioned signify the exhaustion of the potential for an independent development - bearing in mind the failure of earlier schemes for modernisation and development of post-colonial societies? The question is both of theoretical and practical relevance at the present moment. Initially, when India embarked upon its path of post-colonial development the country ventured "a deliberate act of political defiance of the social and economic constraints of underdevelopment" and set out to "creating a political system that would actively generate the social and economic development it lacked at its moment of foundation".[58] Any assessment of the scope for accomplishing a task of such tremendous size requires a glance beyond the factors which operate within individual societies of developing countries.

The termination of the East-West confrontation as the dominant global conflict formation occasioned a hope that the fragile international strategic equilibrium would be replaced by a more reliable equilibrium based on a commonality of interests. Such a situation could have created more favourable preconditions for the resolution of local and regional conflicts and, simultaneously, enable developing countries to concentrate on tackling their most pressing internal problems which are almost synonymous with the notion of underdevelopment. But expectations of an early arrival of "One World" have been shattered at least for quite some time to come because of the turmoil and the unsettled conditions which engulfed the internationale arena since the early nineties. The new climate encouraged the leading industrialized capitalist countries to reassert their own interests on a global scale and provided them with the opportunity to enhancing their weight through international organisations to the detriment of aspirations and expectations of the less developed parts of the world.

Now the spectre of a world even more sharply divided along various lines looms large on the horizon. This is accompanied by the design of a new global order which again recognized the use of force, infringement on national sovereignty and armed intervention as appropriate means for settling disputes between single states or groups of states, as well as for "policing" errant members of the international community. All this casts a long shadow on endeavours to eliminate acute conflicts from the developing world and on efforts directed at elevating Third World countries from their state of underdevelopment - not to mention fresh obstacles which are likely to arise in the way of solving urgent global problems. New chances which have arisen for tackling outstanding issues can probably only be utilized if unconventional approaches are taken and far-reaching global structural changes implemented.

A straight relationship between the level of development and the potential for the resolution of conflicts can hardly be established empirically - neither on the national nor on the international plane. But in consonance with Galtung's perception, the possibility for solving conflicts would stand a better chance if gross forms of inequality be eliminated. The quest for development by the people of the Third World - occasionally acknowledged as a "third generation human right"[59]- is therefore, both justified and urgently called for. The urge for development in developing countries underpins the plea to re-think developmental strategies as put forward by the Club of Rome who advocates a "global revolution" as the only way out of the present crisis which envelopes mankind as well as individual societies.[60]

This coincides with a growing realisation that the models of modernisation and development of Asian and African countries cannot be patterned on the historical experience of the West. At the same time, representatives of Third World countries have made a strong plea for restructuring the society in their own countries.[61] According to this opinion, the strengthening of democratic structures and a transformation of society through reforms constitutes an indispensible prerequisite for harnessing the indigenous human potential in order to accomplish the desired advance. The attitude, in substance, supports the notion of a civil society as a mediating factor between the social and the political, without necessarily encroaching upon the cultural traditions or identities of people and countries. The tasks thus put forward for restructuring the society converge with the continued demands for restructuring the international economic relations and the international state system. The scope of a democratic restructuring would obviously differ from the nature of the "structural adjustments" proposed by the World Bank or the IMF.

The concept presupposes a situation which allows a meaningful co-evolution not merely of individual countries but of the hitherto existing different "worlds". Such a vision, however, appears to be a far cry at a moment when disparities are rapidly growing instead of being reduced. For the time being, the political attitude prevalent in the powerful states of the North is not at all helpful for clinching the issues. The countries of the South find themselves now even more exposed than ever to external economic and political compulsions. These originate mainly from the new global power centres represented by the leading trade and industrial groupings which are likely to play a role similar to that of the earlier political and military blocks vis-a-vis the Third World. Currently strong attempts are made to impose on developing countries the Western model of economic liberalism with only minor modifications as the allegedly singular possible alternative, lending it the impression of universal validity. The move has definitely been encouraged by the collapse of the socialist experiment in the former Soviet Union and in Eastern Europe. But practical steps in this direction are bound to obstruct the efforts of developing countries for building an advanced society with institutions of a welfare state and in accordance with the cultural traditions and the genius of the people. The available indications suggest a kind of society which is unlikely to simply copy the pattern of the bourgeois type of a social and political set-up of the industrialized Western society.

The current heated debate on India's further course of development and the government's policy reflects controversial attitudes as well as a continuing commitment to principles and ideals evolved in the course of the freedom struggle. There is still a broad consensus on clearly identifiable objectives which together constitute the dominant political culture of present-day India. Its fundamentals encompass national unity, social justice, political democracy and secularism. The spokesmen for this dominant political culture are drawn from various sections of the population. They represent "the groups who hold actual political power, the heirs of the Indian National Congress, even though many have since long gone into one form or another of opposition". They "are in agreement with ragard to the importance of these goals although not with regard to the mode of implementing them"[62]. And they tend to differ substantially over the meaning or appropriate interpretation of the commonly accepted principles. Compared to other developing countries, India enjoys a comparatively favourable position for take-off. Consistent support is still forthcoming for an independent development from "national-minded" sections which are drawn from various strata of the population. The advocacy of an independent development reaches beyond immediate economic or class interests.

The 1992 plenary meeting of the Indian National Congress somehow reflected the prevailing sentiments by swearing allegiance to the principles enunciated by Jawaharlal Nehru and by upholding the objective of building "a just and egalitarian society" in accordance with "the Congress concept of socialism"[63]. Prime Minister Narasimha Rao while explaining India's stand on global trends and the need for international cooperation expressed the conviction that development "becomes a precondition for sustaining democracy". He simultaneously stressed the necessity "to allow nations and societies to determine their own specific socio-political and economic system even while asserting the universal values of democracy and humanism and acknowledging the greater efficiency of the market principle in most forms of economic activity"[64].

"Modern" institutions and values have doubtlessly taken firm roots in the Indian soil. The range of influence as well as the degree of impact of newly established elements of a modern "civil society" should, however, not be overestimated.[65] Against the backgound of the stark reality, in view of the prevailing constraints and the apparent cleavage between professed ideals and the policy pursued, it remains to be seen how the proposed greater involvement of the people will take shape. The question may be raised whether and in which forms political mobilisation will proceed and popular grievances are being articulated. This calls for an investigation into the criteria and possibilities of influencing India's path by way of intervention through established parties, conventional social organisations and new issue-oriented movements.

ANMERKUNGEN

1 Neera Chandoke, Introduction. In: Social Scientist, vol. 19, Nos. 9-10, October-November 1991, p. 1.
2 Veena Das, Mirrors of Violence: Communities, Riots and Survivors - The South Asian Experience. In: Veena Das (ed.), Mirrors of Violence: Communities, Riots and Survivors in South Asia, New Delhi 1990, p.1.
3 Larry Diamond/Juan J. Line/Seymour Martin Lipset (eds.), Democracy in Asia, New Delhi 1989, p. IX.
4 See, India's Democracy. An Analysis of changing State-Society Relations, ed. by Atul Kohli, Princeton 1990.
5 See, Erdmann Gormsen and Andreas Thimm (eds.), Zivilgesellschaft und Staat in der Dritten Welt, Johann Gutenberg-Universität Mainz, Interdisziplinärer Arbeitskreis Dritte Welt, Veröffentlichungen Band 6, Mainz 1992.
6 Volker Mathies, Krieg und Frieden in der Dritten Welt. In: Aus Politik und Zeitgeschehen. Beilage zur Wochenzeitung Das Parlament, B-7-8/88, February 12, p. 3 sqq.
7 Kathrin Eikenberg, Ethnische Konflikte in der Dritten Welt. In: Jahrbuch Dritte Welt 1987, München 1988, p. 69 sqq.
8 See, Dietmar Rothermund, Ethnische Konflikte. In: Dieter Nohlen/Peter Waldmann (eds.), Pipers Wörterbuch der Politik, Bd.6: Dritte Welt, München 1987, p. 180.
9 Stanley Wolpert, Roots of Confrontation in South Asia, New York 1982, p. 115.
10 Robert A. Scalapino, The Politics of Development. Perspectives on Twentieth Century Asia, Cambridge, Mass./London 1989, p. 29.
11 John P. Lewis, Quiet Crisis in India, (1962), Reprint Bombay 1965, p. 6 sqq.
12 Ibid., p. 13.
13 Ronald Segal, The Crisis of India, Harmondsworth 1965.- A few years afterwards the author confessed in the Preface to the German edition of his book that he now held a "little less desperate view" of the situation, hoping that critical intellectuals would be able to initiate and lead a revolution of the people and, thereby, turn the tide. R. Segal, Die Krise Indiens, Frankfurt am Main 1968, p. 6.
14 Selig S. Harrison, India. The Most Dangerous Decades, Madras 1960 (reprinted 1965), p. 4.
15 John P. Lewis, op. cit., p. 15.
16 Robert L. Hardgrave Jr., India: Government and Politics in a Developing Nation, New York 1970, p. 2 sq.
17 Jyotirindra Das Gupta, Democratic Becoming and Combined Development. In: Democracy in Asia, edited by Larry Diamond, Juan J. Linz, Seymour Martin Lipset, New Delhi 1989, p. 96.
18 See, Asghar Ali Engineer, Communal Conflict after 1950. A Perspective. In: Economic and Political Weekly, Vol. XXVII, No. 34, August 22, 1992, pp. 1782 sqq.
19 Urmila Phadnis, Ethnicity and Nation-Building in South Asia, New Delhi 1989, p. 20.
20 Gopal Krishna, Religion in Politics. In: Indian Economic and Social History Review, Vol. 8, 1971, p. 362.
21 M. N. Srinivas, On Living in a Revolution. In: Focus India: Prospects for Development. Vierteljahresberichte des Forschungsinstituts der Friedrich-Ebert-Stiftung, Special Issue No. 110, Bonn 1987, p. 331.
22 Mushirul Hasan, Indian. Muslims since Independence: In Search of Integration and Identity. In: Third World Quarterly, Vol. 10, No. 2, April 1988, p. 827.
23 See Arun Sinha, Against the Few. Struggles of India's Rural Poor, London and New

	Jersey 1991.
24	Hamza Alavi, Politics of Ethnicity in India and Pakistan. In: Hamza Alavi and John Harris (eds.), Sociology of "Developing Societies". South Asia, Basingstoke/London 1989, p. 222.
25	Judith Strauch, Multiple Ethnicities in Malaysia: The Shifting Relevance of Alternative Chinese Categories. In: Modern Asian Studies, Vol. 15, No. 2, 1981, p. 236.
26	Urmila Phadnis, loc. cit., p. 16.
27	N. C. Saxena, Historiography on Communalism in India. In: Mushirul Hasan (ed.), Communal and Pan-Islamic Trends in Colonial India, New Delhi 1981, p. 303.
28	Hamza Alavi, loc. cit., p. 223.
29	Ibid.
30	Zillur R. Khan, Islam and Bengali Nationalism. In: Asian Survey, Vol. XXV, No. 8, August 1985, p. 834.
31	Subhakanta Behera, A Nation-State Connotation. In: Mainstream, Vol. XXX, No. 34, June 13, 1992, pp. 29 sqq; Bipan Chandra, Basis of India's Nationhood. In: Ibid., pp. 31 sqq.
32	Ravinder Kumar, Exploring the Historical Conjuncture. In: Social Scientist, Vol. 19, Nos. 9-10, October-November 1991, p. 16.
33	Etienne Balibar, The Nation Form. History and Ideology. In: Review, Vol. XIII, No. 3, Summer 1990, p. 334 sq.
34	Yogendra K. Malik/Dhirendra K. Vajpeyi, India: The Years of Indira Gandhi. In: Journal of Asian and African Studies, Vol. XXII, Nos. 3-4, 1987, p. 138.
35	W. H. Morris-Johns, The Government and Politics of India, London 1967, p. 205.
36	For an analysis of the factors responsible for the resilience of India's representative democracy as well as currently challenging unresolved political issues, see Subrata Kumar Mitra, Democracy and Political Change in India. In: The Journal of Commonwealth and Comparative Politics, Vol. XXX. No. 1, March 1992, pp. 9 sqq.
37	Rasheedudin, Khan, Violence and Socio-economic Development. In: Mainstream, Vol. XIX, No. 38, April 14, 1981, p. 21.
38	Philip Oldenburg, Politics: How Threatening a Crisis? In: Philip Oldenburg (ed.), India Briefing, 1991, Boulder 1991, p. 11 sqq.
39	Subhendu Ranjan Das, Indian Society at Turn of Twentyfirst Century. In: Mainstream, Vol. XXVI, No. 28, April 23, 1988, p. 9.
40	Urs Schoettli, India - A Big Power in the Making. In: Focus India: Prospects for Development, Vierteljahresberichte des Forschungsinstituts der Friedrich-Ebert-Stiftung, No. 110 (Special Issue), Bonn 1987, p. 341.
41	See, Partha N. Mukherji, Class and Ethnic Movements: Democracy and Nation-Building in India. A paper for the AKUT Conference: When does democracy make sense? Political economy and political rights in the third world with some European comparisons, Uppsala, Sweden, 26-28 October, 1989 (mimeographed); Fred Halliday, Marxism and Nationalism (Review of Marxism and Nationalism: Theoretical Origins of a Political Crisis by Ephraim Nimui, London 1991). In: Mainstream, Vol. XXX, No. 40, July 25, 1992, p. 19 sqq.
42	Kathrin Eikenberg, loc. cit., p. 77.
43	Bipan Chandra, loc. cit., p. 33.
44	Myron Weiner, The Politics of South Asia. In: Gabriel A. Almond/James S. Coleman (eds.), The Politics of Developing Areas, Princeton 1960 (Paperback Printing 1970), p. 241.
45	Ravinder Kumar, loc. cit., p. 15.
46	Pradeep Kumar, Second Round of States' Reorganisation. In: Mainstream, Vol. XXX, No. 54, October 31, 1992, p. 10 sqq.

47 Myron Weiner, loc. cit. p. 218.
48 See, Achin Vanaik, The Painful Transition. Bourgeois Democracy in India, London 1990, pp. 195 sqq.
49 Ravinder Kumar, loc. cit., p. 16.
50 Tapan Raychaudhuri, Europe Reconsidered, Delhi 1988, p. IX.
51 See the subtitel of the collection of essays, edited by Francine R. Frankel and M. S. A. Rao, Dominance and State Power in Modern India, Vols. I and II, Delhi 1989 and 1990.
52 H. K. Paranjape, Where Do We Go from Here? In: Mainstream, Vol. XXV, No. 48, August 15, 1987, p. 11.
53 P. C. Joshi, Marxism and Social Revolution in India and Other Essays, New Delhi 1986, p. 46.
54 Bipan Chandra, The Strategy of the Indian National Congress. In: John L. Hill (ed.), The Congress and Indian Nationalism, Collected Papers on South Asia, 9, London 1991, p. 81.
55 Myron Weiner, Political Evolution - Party Bureaucracy and Institutions. In: John W. Mellor (ed.), India: A Rising Middle Power, Boulder 1979, p. 17.
56 Johan Galtung, Violence, Peace and Peace Research. In: Journal of Peace Research, Vol. 6, 1969, p. 170 sq.
57 Rasheedudin Khan, loc. cit., p. 21.
58 Jyotirindra Das Gupta, India: Democratic Becoming and Combined Development, loc. cit., p. 95.
59 See, Dieter Nohlen/Franz Nuscheler (eds.), Handbuch der Dritten Welt, Vol. 1, Bonn 1992, p. 278.
60 Die globale Revolution. Bericht des Club of Rome, Spiegel Spezial, Nr. 2, 1991, p. 94.
61 The Challenge to the South, South Commission, Oxford 1990, Chapter 1.
62 Ainslee T. Embree, Utopias in Conflict. Religion and Nationalism in Modern India, Berkeley etc., 1990, p. 43.
63 The Economic Resolution. Indian National Congress (I), 97th Plenary Session, Tirupati, 14-15 April, 1992, p. 1 (mimeographed).
64 Narasimha Rao, India. A Powerful Engine for Growth of Asian and Global Economy. Speech at the Symposium organised by the World Economic Forum at Davos, Switzerland, February 3, 1992, New Delhi 1992, pp. 6 sq.
65 For a rather sceptical assessment in this regard, see, Dietmar Rothermund, Staat und Gesellschaft in Indien nach der Erlangung der Unabhängigkeit. In: Erdmann Gormsen and Andreas Thimm (eds.), loc. cit., p. 112.

ANNEMARIE HAFNER

Gemeinschaft, Klasse, Nation - Werte und Handlungsmotivationen von Industriearbeitern im Indien der zwanziger Jahre

Der politische Charakter der Gesellschaft und das Geflecht sozialer Beziehungen sind für die Geschichtsschreibung des modernen Indien von außerordentlichem Interesse. Die Frage, ob und inwieweit das Ringen des Landes um politische Eigenständigkeit die traditionellen Loyalitäten gegenüber der Kaste, der Religions- oder der ethnischen Gemeinschaft modifizierte und neue Loyalitäten wie die gegenüber der Nation hervorbrachte, ist Gegenstand vielfältiger Überlegungen.

Die folgenden Ausführungen beruhen auf der These, daß parallel zum Prozeß des Werdens der Nation im kolonialen Indien eine gesellschaftliche Transformation verlief, die unter anderem zur Entstehung neuer Klassen, denen der kolonialkapitalistischen Gesellschaft, führte. Dazu gehörte auch die Herausbildung der industriellen Arbeiterklasse. Die vorliegende Untersuchung stellt sich die Aufgabe, Verbindungsstellen zwischen diesen beiden Prozessen zu erfassen und zu veranschaulichen. Dabei werden Aussagen zum sozialen Profil des Industrieproletariats, zu Formen seines gesellschaftlichen Handelns und den ihnen zugrunde liegenden Denkmustern getroffen. Kurzum, es geht um verschiedene Arten der Artikulation von Interessen und das wechselhafte Verhalten von Arbeitern, einerseits gegenüber den überkommenen Institutionen wie Kaste und religiöser Gemeinschaft, andererseits gegenüber modernen gesellschaftlichen Strukturen wie Klasse und politischen Organisationen in enger Wechselwirkung mit der Nationalbewegung.

Zweifellos waren die zwanziger Jahre durch eine spezifische gesellschaftliche Dramatik geprägt. Die teils aufeinanderfolgenden, teils sich überlappenden nationalen Kampagnen, Streikwellen und Phasen kommunalistischer Spannungen machten sie zu einer besonderen Periode der modernen indischen Geschichte. Die gesellschaftlichen Konflikte waren von miteinander rivalisierenden sozialen Loyalitäten gekennzeichnet.

Das Erwachen der untersten Schichten der Gesellschaft stellt ein wichtiges Merkmal jener Zeit dar. Unruhe gärte auch im städtisch-industriellen Milieu. Bombay, Kalkutta und andere große Industriezentren beherbergten eine beachtliche Anzahl von Arbeitern, die in Häfen, bei den Eisenbahnen oder in Fabriken beschäftigt waren. Ohne an dieser Stelle unterschiedliche Klassendefinitionen zu diskutieren, kann man mit Sicherheit davon ausgehen, daß sich seit dem letzten Drittel des 19. Jahrhunderts eine eindeutig identifizierbare Gruppe von Lohnarbeitern herausgebildet hatte. Sie bestand aus Personen, die vor nicht allzu langer Zeit vom Dorf zugezogen waren, unter Bedingungen unbeschreiblicher Armseligkeit in übervölkerten Slums hausten und vom Verkauf ihrer Arbeitskraft lebten. Dieser Bevölkerungsteil - er zählte in den Industriezentren nach Zehn-, ja Hunderttausenden - war dem kolonialkapitalistischen Ausbeutungs- und Produktionssystem unmittelbar ausgesetzt. In der spannungsgeladenen politischen Atmosphäre nach dem ersten Weltkrieg reagierten die im städtisch-industriellen Bereich Beschäftigten mit Widerstand auf die sich spürbar verschlechternde Lebenslage. Im Verlaufe von industriellen Streiks, gewaltsamen Auseinandersetzungen zwischen Arbeitergruppierungen mit unterschiedlicher religiöser Zugehörigkeit und der Teilnahme an nationalen Kampagnen wurden die politischen und geistig-kulturellen Horizonte der Industriearbeiterschaft sichtbar. Die Welt der Arbeiter "embraced, in microcosm, all the tensions and conflicts which beset the wider community in India", bemerkt Ravinder Kumar.[1]

Primordiale Bindungen im städtisch-industriellen Bereich

Unterschiedliche Gründe veranlaßten die Dörfler, ihre gewohnte Umgebung und Lebensweise aufzugeben und in die Städte zu ziehen. Da konnte eine Familie die Pacht für ein kleines Landstück nicht aufbringen, oder die Schulden waren so drückend geworden, daß sich ein zusätzlicher Verdienst als notwendig erwies. In jedem Fall aber waren die ökonomischen Zwänge stärker als die Einbindung in die überlieferten sozialen Strukturen. "It does not seem that joint family, caste and village system stood in the way of labour mobility", meint S. K. Sen.[2] Andererseits wurden im Prozeß der Sozialisation der dörflichen Migranten im industriell-städtischen Milieu die primordialen Bindungen kaum aufgelöst. Den Sozialwissenschaftlern und offiziellen Untersuchungskommissionen, die sich seit langem mit den Veränderungen in der Natur der sozialen Beziehungen der Lohnarbeiter in der Stadt beschäftigten, fielen insbesondere deren ungebrochene Beziehungen zum Dorf auf. Dabei hatten Analysen doch nachgewiesen, daß nur einige wenige städtische Arbeiter selbst ein Einkommen aus der agrarischen Produktion bezogen. Die Mehrheit hatte durch die dörfliche Verwandtschaft, die Landstücke besaß oder bearbeitete, nur ein indirektes Verhältnis zu Grund und Boden.[3]

Bei genauer Betrachtung erwiesen sich die intakten Verbindungen des Industriearbeiters zum Dorf als ein Überlebensmechanismus und resultierten aus dem System der kolonialkapitalistischen Ausbeutung. Zum einen erhielt der Industriearbeiter nur einen "Junggesellen-Lohn"[4], der gerade ausreichte, sich selbst zu erhalten, und es ihm nicht erlaubte, seine Familie auf Dauer in der Stadt anzusiedeln, zum anderen war er gezwungen, ins Dorf zurückzukehren, wenn er arbeitslos, krank oder arbeitsunfähig war. Aber auch während der Monate andauernden Streiks der zwanziger Jahre war ein regelrechter Exodus der Arbeiter zu beobachten, die zeitweise in ihre Heimatdörfer abwanderten. Auf diese Weise wurde dem Agrarsektor ein nicht unbeträchtlicher Anteil an den Reproduktionskosten für die in der Stadt geleistete Arbeit aufgebürdet. Die dauerhaften Beziehungen zum Dorf erwiesen sich als ein integraler Bestandteil des kolonialkapitalistischen Proletarisierungsprozesses.

Die Fluktuation zwischen Dorf und Stadt - ihr migratorischer Charakter - war das besondere Merkmal der Industriearbeit in Indien. Der Arbeiter hielt Kontakt zu seiner Familie, die er auf dem Dorf zurückgelassen hatte. Wie oft er eine Reise dorthin unternahm, hing von seinen finanziellen Möglichkeiten ab. Viele Arbeiter konnten sich eine solche Fahrt aus Geldmangel über Jahre nicht leisten, andere kehrten periodisch entweder einmal im Jahr oder alle zwei Jahre für ein bis drei Monate - vorzugsweise zur Erntezeit - ins Heimatdorf zurück. "The most predominant cause of workers' visits to their homes in villages does not appear to be cultivation of land so much as seeing relatives and friends, attending marriages and festivals, although such visits often coincide with the festival season such als Holi, Pujas, etc.", stellte ein Komitee zur Untersuchung der Arbeiterschaft fest.[5]

Der Vollzug religiöser Riten bei Geburten, Hochzeiten oder Totenfeiern hielt die überlieferte dörfliche Erlebnis- und Gedankenwelt in den Köpfen der städtischen Arbeiter am Leben. Sie bot Zuflucht in einer bedrohlichen Umwelt. Aber auch die Furcht, seitens der Gemeinschaft zur Rechenschaft gezogen zu werden, mag verhindert haben, daß Arbeiter aus Vernunftgründen von den vorgeschriebenen Zeremonien fernblieben. Die meisten jedoch hatten ihren Glauben viel zu sehr verinnerlicht, als daß dieser durch rationale Überlegungen erschüttert werden konnte. So reflektierten die periodischen Aufenthalte im Dorf auch "a strong emotional attachment and sense of belonging to the kin group back home", resümiert Chitra Joshi ihre Betrachtungen zum sozialen Milieu der Textilarbeiter in Kanpur.[6]

Aber es war nicht nur die fortdauernde Verbindung mit dem Dorf, die den Loyalitäten gegenüber der Kaste und der religiösen bzw. ethnischen Gemeinschaft Bestand verlieh. Auch das sich neu entwickelnde soziale Beziehungsgeflecht in der Stadt, sowohl in der Arbeitswelt als auch im Wohnbereich, wurde durch Umstände geprägt, die teilweise an Dorfverhältnisse erinnerten. Ursächliche Bedeutung kam dabei der Methode der Anwerbung von Arbeitskräften - dem sog. Jobber-System - zu. Jobber - die Mittelsmänner zwischen Arbeiter und Manager - verpflichteten die Arbeitsuchenden für Industriebetriebe, Eisenbahngesellschaften, Häfen und Bergwerke aus näher, häufig aber auch aus ferner liegenden Regionen oder - vor allem nach dem ersten Weltkrieg, als das Angebot an Arbeitskräften größer war als die Nachfrage - auch vor den Toren der Unternehmen selbst. Neben der Funktion des Anwerbers übte der Jobber auch die des Aufsehers, Vorarbeiters oder Maschineneinrichters aus und brachte Neuanzulernenden die wenigen Handgriffe bei, die sie für ihre Arbeit beherrschen mußten.[7] Da der Jobber die Arbeitskräfte für bestimmte Betriebseinheiten entsprechend ihrer regionalen oder Kastenherkunft bzw. auf Grund von Verwandtschaftsbeziehungen im weitesten Sinne rekrutierte, ergaben sich auf der untersten Produktionsebene sozial relativ homogene Strukturen. Gleichzeitig reproduzierte die strategische Rolle, die das soziale und familiäre Netzwerk sowie solidarisches Kastenverhalten für den Zugang zu industriellen Arbeitsplätzen spielten, die traditionelle Segmentation.

Häufig bezogen die Jobber Nebeneinkünfte aus Geschäften als Geldverleiher oder Vermieter von Unterkünften.[8] In den Wohnvierteln spielten sie auch eine geistig-kulturelle Rolle, indem sie religiöse Gespräche und Aufführungen mythologischen Inhalts organisierten.[9] Beide, Jobber und Arbeiter, stammten zumeist aus der gleichen Gegend, sprachen die gleiche Sprache und gehörten derselben Kaste oder Religionsgemeinschaft an. Das alles zusammengenommen ließ eine Art von patriarchalischem Abhängigkeitsverhältnis zwischen Jobber und Arbeiter entstehen.[10] Ravinder Kumar schreibt: "The influence which they exercised over workers was comparable to the influence which headmen of villages exercised over their fellow-villagers."[11]

Obwohl Kastenschranken und Verhaltensregeln nicht verhindert haben, daß Angehörige unterschiedlicher Kasten Zugang zu den Beschäftigungen in den verschiedenen Industriezweigen fanden, hat sich dennoch ein gewisses, an der beruflichen Spezifik des Kastensystems orientiertes Muster der Arbeitsplatzwahl herausgebildet.[12] Die Arbeiter an den beiden Polen der Kastenhierarchie übten in der Regel Tätigkeiten aus, die ihrem traditionellen Stand entsprachen, Brahmanen z. B. nahmen vornehmlich qualifizierte Beschäftigungen an, Unberührbare dagegen erledigten meist die körperlich schwere und schmutzige Hilfsarbeit. Mit zunehmender Vielgestaltigkeit der Industrie, aber auch mit der voranschreitenden Expropriation der Bauernschaft nahm die Kastenvielfalt unter den Industriearbeitern zu. Angehörige verschiedener Kasten und Religionsgemeinschaften arbeiteten in den Fabrikabteilungen und Teams zusammen. Das erforderte, am Arbeitsplatz die überkommenen Verhaltensnormen flexibler zu handhaben. Obwohl generell die proletarische Klasse das traditionelle kastenbezogene Segregationsmuster durchbrach, d. h. keine Kaste oder Kastengruppe von einer bestimmten industriellen Tätigkeit ausgeschlossen war, wurden Zusammenballungen von Arbeitern mit einer gewissen gemeinsamen Kastenzugehörigkeit in verschiedenen industriellen Fertigungsbereichen oder sogar in einzelnen Werksabteilungen - meist mit einer Tendenz zur Verdrängung Unberührbarer verbunden - immer wieder beobachtet. Dabei spielten subtile Formen der Selektion seitens der Beschäftigten selbst eine erhebliche Rolle. Das bekannteste Beispiel dafür aus der Geschichte ist das fast völlige Fehlen unberührbarer Arbeiter in den Webabteilungen der Baumwolltextilfabriken Bombays.[13]

Die Zwänge des städtischen Wohnens modifizierten ebenfalls die rigide Kastentrennung, die in den Dörfern gang und gäbe war. Dennoch gab es eine Tendenz der Absonderung zwischen den verschiedenen Gemeinschaften auch im privaten Bereich. Die räumliche Trennung der Wohnviertel[14] zeigte ein allgemeines Muster: zum einen die Trennung zwischen Hindus und Muslimen, zum anderen zwischen Hindus der oberen und der unteren Kasten. Ein wichtiger Unterschied zwischen Dorf und Stadt in bezug auf das Wohnverhalten bestand darin, daß Unberührbare nicht mehr prinzipiell in separaten Straßen bzw. am Rande der Siedlungen isoliert werden konnten.[15] Alleinlebende Migranten schickten sich ebenfalls notgedrungen darein, mit Arbeitern anderer Kasten eine Unterkunft zu teilen. Doch auch hier blieb die Barriere zwischen oberen Kastenangehörigen und Unberührbaren unüberwindlich. Ein treffendes Bild vom Zusammenleben der Arbeiter unterschiedlicher Kasten sowie ethnischer und religiöser Gemeinschaften vermittelt Rajat Ray am Beispiel eines Slums in Kalkutta, wenn er schreibt: "The labour force, drawn from different provinces, castes and communities, continued to live in the city, year after year, as isolated social groups with no widespread communication among themselves." - "The working-class quarters seethed with tensions between different communities, which on a few occasions flared into communal riots."[16] Kastenvorurteile hielten sich am hartnäckigsten im privaten und Freizeitbereich. Kommensalitätsregeln wurden nach Möglichkeit befolgt, und ihre arbeitsfreie Zeit verbrachten die Angehörigen unterschiedlicher Gemeinschaften in der Regel getrennt voneinander.[17]

Die fortdauernde Existenz primordialer Loyalitäten bei Arbeitern hat in den letzten Jahren in der geschichtswissenschaftlichen Literatur unterschiedliche Interpretationen erfahren. Es lassen sich im wesentlichen zwei Richtungen unterscheiden: Zum einen wird ihr Fortbestand mit der Eigenart der indischen Zivilisation erklärt, zu der Kastenbeziehungen als konstitutives Element gehören. Daraus folgt, daß Kasten- und andere "durch Geburt erworbene Bindungen" als Charakteristika der Kultur auch des modernen Indien gelten. Die Arbeiterschaft macht in diesem Zusammenhang keine Ausnahme. Zum anderen wird das kolonialkapitalistische Ausbeutungssystem als Ursache benannt, das soziale Strukturen vorkapitalistischen Ursprungs nicht überwand, sondern mit neuen Inhalten gefüllt übernahm. Aus dieser Sicht wird das gemeinschaftsbezogene bzw. separatistische Verhalten von Arbeitern aus der Konkurrenz um den Arbeitsplatz und letztlich aus der Notwendigkeit zu überleben erklärt. Es wird als "verzerrter Klassenkampf" bzw. als "early, unconcealed forms of class consciousness and their mediation through religion or ethnicity" interpretiert.[18]

Wenn Kasten- und Gemeinschaftsbande auch einen wesentlichen Aspekt der proletarischen Alltagskultur darstellten, so brachte die Metamorphose vom Bauern zum Arbeiter doch auch Neues hervor. Die Erfahrungen der Arbeiter im kolonialkapitalistischen Produktionsprozeß motivierten sie zu gemeinsamem Widerstand gegen erlittenes soziales Unrecht und machten die Notwendigkeit des Zusammenschlusses deutlich. Selbst wenn sich gemeinsames Handeln gegenüber dem Kapital zunächst in Formen ausdrückte, die ihrer überlieferten Denkweise entsprachen, so wäre es dennoch falsch, darin eine ungebrochene Weiterführung vorkapitalistischer Bindungen zu sehen. Im Gegenteil: Es handelt sich um eine mit neuem sozialem Inhalt versehene Solidarität im Kasten- bzw. Gemeinschaftsrahmen.

Zwei indische Historiker haben die Aktivitäten von Jutearbeitern Mitte der neunziger Jahre des 19. Jahrhunderts in Kalkutta einer Analyse unterzogen und kamen auf Grund unterschiedlicher Standpunkte zu verschiedenen Ergebnissen.[19] Die Arbeiter protestierten damals gegen fast unerschwingliche Nahrungsmittelpreise sowie gegen eine extensivierte Ausbeutung. Die Unternehmer hatten in den Fabriken die elektrische Beleuchtung eingeführt und den Arbeitstag verlängert. Neben ihren sozialökonomisch begründeten Forderungen wollten die Arbeiter auch arbeitsfreie Tage zu wichtigen Festen ihrer jeweiligen Religionsgemeinschaft durchsetzen, die Muslims zu Id und Muharram und die Hindus zu Rathyātra (Umzug mit einem Wagen, auf dem sich Götterfiguren befinden). Als die Auseinandersetzungen um ihre gemeinsamen sozialen Anliegen in vollem Gange waren, kam es auch zum proletarischen Bruderzwist. Er entzündete sich an Fragen religiösen Inhalts wie dem Verbot des Kuhschlachtens oder dem Bau von Kultstätten auf Land mit umstrittenen Eigentumsansprüchen. Während Dipesh Chakrabarty bei der Einschätzung der Arbeiteraktionen die auf die religiöse Gemeinschaft bezogenen Loyalitäten in den Vordergrund rückte und dafür den Begriff "Gemeinschaftsbewußtsein" prägte, hob Ranajit Das Gupta die Verteidigung der sozialen Anliegen hervor und interpretierte das Handeln der Arbeiter als "frühes Klassenbewußtsein". Beide Historiker betonen jeweils nur eine Seite im komplexen Verhalten der Arbeiter. Überzeugender sind die Überlegungen von Sumit Sarkar, der auf Grund der historischen und sozialen Spezifik der indischen Gesellschaft meint, "such fluidity would remain a significant feature of twentieth century Indian history, with communal, class, and national consciousness interpenetrating and passing over into each other."[20]

Die historische Forschung hat versucht, Licht ins Dunkel der organisatorischen Anfänge der indischen Arbeiterbewegung zu bringen. Dabei ist die vom Jobber dominierte Produktionseinheit in den Mittelpunkt der Aufmerksamkeit gerückt. Heute stößt die These von Richard Newman, daß "the jobbers' gang forms a crucial link between the new institutional expressions of workforce solidarity and the primordial relationships that the millhands brought with them into industry"[21], kaum mehr auf Widerspruch. Es war der Jobber, der in den ersten sechs Jahrzehnten industrieller Produktion in Indien sowohl die Wohlfahrtsfunktion einer Gewerkschaft ausübte, mit den Unternehmern verhandelte, als auch die Arbeiter zum Protest motivierte. Arbeiter engagierten sich, wenn es um Lohnforderungen ging, wenn das Management ungerechtfertigt Geldstrafen für angeblich verdorbenes Material verhängte, und sie setzten sich für die Verkürzung des Arbeitstages ein. Die Protestformen waren kurzzeitige Arbeitsniederlegungen der einzelnen Arbeitertrupps oder Werksabteilungen.[22] Häufig wurden gar keine konkreten Beschwerden vorgebracht oder Forderungen gestellt, und es gab keine Anzeichen für eine Mißstimmung, bis Arbeiter in Gruppen oder noch häufiger einzeln ohne Erklärung ihren Arbeitsplatz verließen.[23] Die meisten der frühen Arbeiterproteste wurden von Jobbern veranlaßt. Manchmal geschah aber auch das Gegenteil: Unzufrieden mit ihren Arbeitsbedingungen, verließen die Beschäftigten die Fabrik, und die Jobber, nicht fähig, den Arbeitsfrieden wiederherzustellen, zogen es vor, als Streikführer zu agieren, als den Einfluß auf ihren Anhang zu verlieren.

Seit dem Ende des 19. Jahrhunderts bis zu Beginn der zwanziger Jahre des 20. Jahrhunderts haben die indischen Industriearbeiter hauptsächlich im Rahmen und mit Hilfe ihrer um den Jobber gruppierten Einheiten sozialen Protest laut werden lassen. Selbst der Generalstreik der Bombayer Textilarbeiter von Ende Dezember 1918 bis Mitte Januar 1919 fand noch ohne gewerkschaftliche Organisation statt und bezog seine Widerstandskraft aus dem Agieren der Jobberteams im Arbeits- und Alltagsleben der Arbeiter. Ravinder Kumar faßt seine Untersuchung zum Bombayer Textilarbeiterstreik von 1919 folgendermaßen zusammen: "That the textile workers could behave in such a way, despite the absence of any clear class consciousness, and also despite the absence of any working class organization, was largely due to the fact that they were linked to each other through a variety of institutions: through ties of community, through allegiance to jobbers, and through the sheer physical proximity in which they lived and laboured in the city of Bombay."[24] Weit entfernt davon, unorganisiert zu sein, war die industrielle Arbeiterschaft aus einer Vielzahl partikularistischer Jobbereinheiten zusammengesetzt. Aber gerade jene Zeit, nämlich der Beginn der zwanziger Jahre, erwies sich als wichtiger Schnittpunkt, an dem sich traditionelle Loyalitäten, Klasseninteressen und nationale Gefühle neu gewichteten.

Für das Verständnis der Lage der Arbeiterschaft und ihr Verhalten ist der ökonomische Kontext jener Zeit sehr wichtig. So waren z. B. die Textilarbeiter Bombays davon betroffen, daß die Unternehmer während des Nachkriegsbooms zu reichlich investiert hatten und in der darauffolgenden Rezession Überkapazitäten entstanden. Um die Mitte der zwanziger Jahre schrieben die Textilmagnaten "rote Zahlen" und wollten nun die Löhne drücken. Dagegen formierte sich der Widerstand. Er wurde von neugegründeten Gewerkschaften vorgetragen, deren Führung in der Hand unterschiedlicher politischer Kräfte lag. Neben den "Konservatismus" des indischen Arbeiters trat seine Fähigkeit, bisher Unbekanntes und Neues in Gestalt gewerkschaftlichen Zusammenschlusses und nationalen Engagements zu verarbeiten. Die Jobberteams veschwanden zwar nicht, aber ihre Bedeutung im Leben der Arbeiter veränderte sich. Die Jobber selbst spielten nun keine positive Rolle mehr. Solange die Industrie expandiert hatte, übten sie eine nützliche Funktion aus, weil sie Arbeitskräfte rekrutierten. Dafür wurden sie von Arbeitern und Arbeitgebern honoriert. Als das nicht mehr der Fall war, versuchten sie sich an den Arbeitern schadlos zu halten und drohten ihnen mit dem Verlust des Arbeitsplatzes. Die privilegierte und ambivalente Rolle der Jobber wurde von den entstandenen Gewerkschaften enthüllt und bekämpft.[25] Gleichzeitig reichten die aufkommenden gewerkschaftlichen Strukturen weit über die elementare Produktionseinheit hinaus.[26]

Streiks und Gewerkschaften - für bessere Lebensbedingungen

Die Arbeiterbewegung nahm in Indien unmittelbar nach dem ersten Weltkrieg organisierte Formen an. Sozialökonomische Faktoren und politische Ereignisse nationalen und internationalen Ranges versetzten alle Klassen und Schichten in Bewegung. Im Kampf um die Neuaufteilung der Welt hatte der britische Imperialismus Indien als unerschöpfliches Reservoir für Soldaten, Rohstoffe und Lebensmittel verstärkt genutzt. Das hatte verschiedenartige Folgen. Mit steigender Produktion hatte die Zahl der Industriearbeiter zugenommen. Zugleich führte die Kriegswirtschaft dazu, daß Konsumgüter im Inland knapp wurden. Preistreiberei und Inflation waren die Folge. Die Lebenshaltung der Bevölkerung verschlechterte sich.

Bereits im Winter 1918/1919 erkämpften 125 000 Bombayer Textilarbeiter, ohne auf Streikfonds, nationale oder internationale materielle Unterstützung oder auf eigene Ersparnisse zurückgreifen zu können, eine zehnprozentige Lohnerhöhung. Ihr Streik, der 80 von 85 Textilfabriken der Provinz erfaßte - der "Manchester Guardian" nannte ihn seinerzeit den "bei weitem größten in der Geschichte Asiens" - eröffnete hinsichtlich seiner Dauer und seines Umfangs eine neue Etappe im Kampf des indischen Proletariats.[27] Im Winter 1920/1921 erschütterten Streiks fast die gesamte Großindustrie und das Eisenbahnwesen. Im Jahre 1920 wurden etwa 200 und 1921 sogar fast 400 Ausstände registriert.[28] Die Streiks beschränkten sich nun nicht mehr auf einzelne Arbeitertrupps oder Abteilungen, sie betrafen Gesamtunternehmen, sprangen auf andere über und erfaßten ganze Industriezweige einzelner Städte oder Regionen.

Die Jahre von 1922 bis 1927 scheinen auf den ersten Blick einen Rückschritt für die indische Arbeiterbewegung zu bedeuten. Die Streikzahlen sanken von 278 1922 auf 213 im Jahre 1923 und lagen in den folgenden Jahren bei etwa 130.[29] Genauer betrachtet, waren es zwar weniger Streiks, aber sie dauerten länger und wurden angesichts der Offensive der Unternehmer auf den Lebensstandard der Arbeiter in der zweiten Hälfte der zwanziger Jahre mit größerer Erbitterung geführt. Während die Zahl der Streiktage 1921 etwa 7 Millionen betrug, überstieg sie 1924 9 Millionen und zeigte 1928 mit etwa 31 Millionen einen neuen Spitzenwert an.[30] Die Streikbewegung der zwanziger Jahre veranlaßte die Königliche Kommission zu Arbeiterfragen 1931 zu folgender Einschätzung: "The word-wide uprising of labour consciousness extended to India, where for the first time the mass of industrial workers awoke to their disabilities, particularly in the matter of wages and hours and of the possibility of combination. The effect of this surge was enhanced by political turmoil which added to the prevailing feeling of unrest and assisted to provide willing leaders of a trade union movement."[31]

Die meisten der Streiks ereigneten sich spontan, das heißt, sie wurden fast nie vorher angekündigt. Trotzdem lassen sie ein gewisses Maß koordinierten Handelns erkennen. Sie liefen mehr oder weniger nach dem gleichen Schema ab: Arbeiter entschlossen sich, aus einem bestimmten Anlaß ihren Widersachern die Stirn zu bieten. Sie legten die Arbeit nieder, waren dann aber auf Grund mangelnder Bildung und unzureichender Kenntnisse nicht in der Lage, die Mißstände den Unternehmern selbst vorzutragen und in Verhandlungen eine Lösung der Probleme herbeizuführen. Sie wandten sich an Vertreter der nationalen demokratischen Intelligenz, die bereit waren, sich für soziale Belange zu engagieren. Moni Ghosh, ein ehemaliger aktiver indischer Gewerkschafter, beschreibt anschaulich den Ausbruch eines Streiks in Jamshedpur: "It was February 24, in the year 1920. The clock struck eight in the morning. A great commotion prevailed in the Tata's workshop. Worker downed their tools and came out. 'Strike', 'Strike' was on every lip. Men shouted 'Down with the factory', 'Down the tools', 'Down with the capitalists'. - It was only then that people came to know that there was a strike. But why? There was no talk about it earlier. Was there any organization, any meeting or any lecture? None, yet there was a strike and that, all so suddenly. - The strike was there; but who was to conduct it became the supreme question. Some of them might have seen a strike, but none knew how to lead it. Messengers were sent to Calcutta for someone to lead them."[32]

Die Streiks der zwanziger Jahre wurden von Anstrengungen begleitet, Gewerkschaften ins Leben zu rufen. Arbeitervereinigungen wurden häufig nicht vor, sondern während und auch nach Arbeitsniederlegungen gegründet. Viele von ihnen waren nicht viel mehr als Streikkomitees, die sich nach Beendigung eines Ausstandes wieder auflösten. Unter den Arbeitern hatte sich zwar die Erkenntnis durchgesetzt, daß den Unternehmern ökonomische Zugeständnisse nur durch geschlossenes Auftreten abzutrotzen waren, der Schaffung und Erhaltung ständiger Organisationen auch in streiklosen Zeiten standen jedoch viele Hemmnisse entgegen. Der migratorische Charakter der Arbeit, Unwissenheit und Armut und nicht zuletzt die Repressalien der Unternehmer und des Kolonialstaates trugen zum Scheitern vieler Organisationsversuche bei.

Dennoch faßten in den zwanziger Jahren die Gewerkschaften als umfassendste Organisationen der Werktätigen in Indien Fuß. Ein erstes Nachschlagewerk über indische Arbeitervereinigungen wurde im Jahre 1925 herausgegeben. Es enthielt Angaben zu 8 Föderationen und 167 Einzelorganisationen.[33] Die Zahlen allein sagen aber noch nicht viel über die Qualität der jungen Vereinigungen aus. Die insgesamt geringe Verbreitung und Wirksamkeit arbeitsfähiger und dauerhafter Arbeiterverbände wurde als Untersuchungsergebnis durch eine Delegation des Internationalen Textilarbeiterverbandes 1927 in ihrem Bericht vermerkt. Als Ursachen dafür wurden der Mangel an Bildung bei den Arbeitern benannt, traditionelle Voreingenommenheiten gegenüber den Arbeitskollegen mit einer anderen Kasten- bzw. Religionszugehörigkeit und finanzielle Engpässe - die Löhne der meisten Arbeiter waren so niedrig, daß sie geringste Mitgliedsbeiträge nur unter Opfern aufbringen konnten.[34] Philip Spratt - ein britischer Gewerkschafter, der in den zwanziger Jahren in Indien weilte, um seinen Freunden über ihre organisatorischen Anfangsschwierigkeiten hinwegzuhelfen - faßte ebenfalls 1927 seine Erfahrungen zusammen. Ihm fiel unter anderem auf, daß die besser verdienenden Facharbeiter aktiver ihre Interessen vertragen und als erste gewerkschaftliche Bindungen eingingen. Aber selbst diese Schicht war z. B. im Bergbau sowie in den Baumwoll- und Jutetextilindustrien noch weitgehend unorganisiert.[35] Diese Aussage stimmt mit dem Tenor eines Lageberichts überein, den C. F. Andrews - ein Geistlicher und Sozialarbeiter - bereits 1925 abgegeben hatte. Er hatte ebenfalls darauf aufmerksam gemacht, daß Mitte der zwanziger Jahre erst ein Zwanzigstel des gewerkschaftlich organisierbaren Potentials erfaßt war und insbesondere in den Bereichen der Jute- und Baumwolltextilindustrien sowie der Teeplantagen ein großer Nachholebedarf bestand.[36]

Generell waren die Gewerkschaften bestrebt, die Arbeits- und Lebensbedingungen der Werktätigen zu verbessern und ihre Rolle im gesellschaftlichen Leben durch die Wahrnehmung demokratischer Rechte und Mittel stärker zur Geltung zu bringen. Sie waren bemüht, Arbeiter unabhängig von Religion und Kaste zusammenzuschließen. So verständlich es war, die Interessen der Klasse als Ganzes im Auge zu haben, so problematisch erscheint im Rückblick, daß die Gewerkschaften der vertikalen Struktur der Arbeiterschaft sowie den kulturellen und psychologischen Aspekten der kastenhierarchischen Mentalität bis hin zum Problem der Unberührbarkeit nur unzureichend Aufmerksamkeit schenkten. B. R. Ambedkar, der bekannteste Führer der Unberührbaren-Bewegung Indiens, warf vor allem den Sozialisten wohl nicht zu Unrecht vor, daß sie sozialökonomische Kategorien bei ihrer Gesellschaftsanalyse verabsolutiert hätten.[37] Im nachhinein muß festgestellt werden, daß die meist selbst aus höheren Kasten stammenden Gewerkschaftsfunktionäre einer Illusion erlagen, als sie glaubten, daß die Vorurteile der verschiedenen Primärgruppen untereinander von selbst verschwinden würden, sobald die Arbeiter erst einmal in gemeinsame Aktionen zur Durchsetzung ihrer besonderen Interessen einbezogen waren. In dieser Haltung ist auch die Ursache dafür zu suchen, daß sie sich nicht eigens gegen die soziale Diskriminierung der untersten Kasten und bestimmter Minderheiten engagierten.

In der Praxis entstand im Laufe der zwanziger Jahre eine Kluft zwischen den klassenorientierten Gewerkschaften und der unorganisierten Schicht der unberührbaren Arbeiter. In dieser Situation vertraten Führer der Unberührbaren-Bewegung die Ansicht, daß die diskriminierten Gruppen ihre Emanzipation in die eigenen Hände nehmen und unabhängig von anderen betreiben müßten. Der Kastenzugehörigkeit gegenüber dem Klassenprinzip das Primat einräumend, gründeten sie auch separate Unberührbaren-Gewerkschaften.[38] Damit trugen sie zur Spaltung der Arbeiterbewegung bei. Rückblickend meinte allerdings B. R. Ranadive - ein ehemaliger Funktionär der indischen kommunistischen Bewegung - 1981 nachdenklich, man könne wohl "a community of bonded slaves", die abseits von den anderen Arbeitern lebte und kaum an Gewerkschaftsveranstaltungen teilnahm, für ein solches Verhalten nicht die Schuld geben.[39] Die auf eine primordiale Gruppe bezogenen gesellschaftlichen Aktivitäten werden in der sozialwissenschaftlichen Literatur kontrovers eingeschätzt. Von einiger Wissenschaftlern werden sie als Faktor gewertet, der sich auf die Klassenformierung hinderlich auswirkt, von anderen wird positiv hervorgehoben, daß solche, sich auf traditionelle Gemeinschaften berufenden Organisationen viele Menschen involvieren, die am Rande oder außerhalb von Gewerkschaften stehen und kein anderes Sprachrohr des Protestes finden.[40]

Eine andere Erscheinung, die von Historikern wie Politikern übereinstimmend als Hemmnis für eine sich kontinuierlich festigende Gewerkschaftsbewegung betrachtet wird, waren die Ressentiments zwischen unterschiedlichen Religions-, Kasten- und ethnisch-nationalen Gemeinschaften. Immer wieder kam es insbesondere während abflauender Phasen gewerkschaftlicher Aktivität oder in äußerst angespannten Momenten von Arbeitskämpfen spontan zu bitteren kommunalistischen Auseinandersetzungen. Zur Illustration sollen hier die kommunalistischen Konflikte unter den Bombayer Textilarbeitern von 1928/29 angeführt werden. Sie sind typisch für kommunalistische Spannungen, wie sie sich in Indien so häufig entladen. Vorbehalte zwischen Hindus und Muslimen wurden durch Gerüchte aktiviert, daß Pathanen Hindu-Kinder entführt hätten. Das führte zu ersten Gewaltausbrüchen, bei denen 149 Personen ums Leben kamen.[41] Die Bedeutung, die indische Arbeiter religiösen Bräuchen beimaßen, ließ Muslime nun gegen das Musizieren und eine Hindu-Prozession in unmittelbarer Nähe einer Moschee Einspruch erheben. Das war Provokation genug für eine zweite Welle von Gewalt, die 35 Menschenleben kostete.[42]

Als eigentliche Ursachen der Ereignisse sind jedoch ganz andere Faktoren zu betrachten. Der Einsatz von Pathanen - ihrer Religion nach Muslime - als Streikbrecher bei einem Ausstand in einer Erdölverarbeitungsanlage bei Bombay im Dezember 1928 löste "a regular Pathan hunt by the millhands" und den weite Kreise ziehenden Hindu-Muslim-Konflikt aus.[43] Während des Streiks der Bombayer Textilarbeiter im Jahre 1929 wurden wiederum Muslim-Arbeiter überredet, sich als Streikbrecher zur Verfügung zu stellen. Es waren also vor allem die Konflikte zwischen Streikenden und den Streikabbruch Befürwortenden, die letztlich in kommunalistische Unruhen mündeten. Hinzu kam, daß Pathanen häufig auch als Wucherer tätig waren. Die Situation im Arbeitermilieu bestätigt generelle Beobachtungen zu kommunalistischen Ausbrüchen in Indien, nämlich, daß ihnen ungleiche sozialökonomische Positionen der Beteiligten, materielle Abhängigkeiten oder Konkurrenzsituationen zugrunde liegen.

Arbeiter und die Forderung nach nationaler Souveränität

Unter den Bedingungen der kolonialkapitalistischen Gesellschaft waren die Industriearbeiter nicht in der Lage, die Leitung ihrer Vereinigungen selbst in die Hände zu nehmen. Kaum gebildet, häufig Analphabeten, aber vor allem des Englischen nicht mächtig, der Sprache, in der auf höherer Wirtschafts- bzw. staatlicher Ebene verhandelt werden mußte, waren sie auf die Hilfe patriotischer Intellektueller, die sich auch für die Lösung sozialer Fragen engagierten, angewiesen. Die häufig als "Außenseiter"[44] bezeichneten gewerkschaftlichen Führungskräfte vertraten im einzelnen unterschiedliche politische bzw. ideologische Ansichten.[45] Für viele gehörte das Proletariat zu den am meisten ausgebeuteten Teilen der Gesellschaft. Die "Erniedrigten und Beleidigten" waren Gegenstand ihres Mitgefühls. Häufig vertraten sie die Meinung, daß die Lage der Arbeiter durch konstitutionelle Methoden grundlegend zu verbessern wäre. Sie setzten sich deshalb für eine umfassende Sozialgesetzgebung ein.

Politiker unterschiedlicher Couleur, im allgemeinen aber humanistisch und national gesinnt, trafen sich am 31. Oktober 1920 zur Gründungsversammlung des All India Trade Union Congress in Bombay, bei der 60 gewerkschaftliche Vereinigungen von 801 Delegierten vertreten wurden.[46] Die Einberufungsinitiative hatte der Indische Nationalkongreß übernommen, dahinter standen jedoch die Massenaktionen und der zunehmende Drang nach gewerkschaftlichem Zusammenschluß der Arbeiter selbst.

Die Dachorganisation stellte eine Allianz dar, die Fabrikarbeiter, Vertreter der Bourgeoisie und Intellektuelle zusammenführte. Der damals des Lesens und Schreibens unkundige Arbeiterdelegierte G.R. Kasle, Schlosser in einer Baumwollfabrik, meinte später, daß ihn der Gründungskongreß des AITUC stark zur Anteilnahme an der nationalen Politik motiviert habe.[47] Ähnlich urteilte der Weber A. A. Alwe. "While our struggle ... was going on in this manner, the drum of political agitation was being beaten in the country." - "The Congress started a great agitation demanding rights for India to conduct her own administration. At that time we workers understood the meaning of this demand for *swaraj* to be only this: that our indebtedness would disappear, the oppression of the moneylender would stop, our wages would increase, and the oppression of the owner on the worker, the kicks and blows with which they belabour us, would stop by legislation, and that as a result of it, the persecution of us workers would come to an end."[48] Inwieweit die unterschiedlichen politisch-ideologischen Überzeugungen der gewerkschaftlichen Führungskräfte auf die einfachen Mitglieder ausgestrahlt haben, sollte Gegenstand weiterer Forschung sein.

Zwischen den Streikphasen der industriellen Arbeiterschaft und den nationalen Kampagnen gab es Wechselwirkungen. Das heißt nicht, daß die Aufschwünge beider Bewegungen deckungsgleich verliefen. Im Gegenteil, eine gewisse zeitliche Diskrepanz zwischen Aufschwungsphase und Kulminationspunkt einzelner Abschnitte der Arbeiterbewegung und des nationalen Ringens zeichnete sich ab.[49] Das hatte verschiedene Ursachen. Zum einen griffen die Arbeiter zum Mittel des Streiks, wenn ihre Lebens- bzw. Arbeitsbedingungen unerträglich wurden. Zum anderen setzte die führende Kraft der Nationalbewegung - der Indische Nationalkongreß (INK) - den Zeitpunkt antikolonialer Kampagnen nach politisch-strategischen und taktischen Gesichtspunkten fest. Der Kongreßsozialist Acharya Narendra Deva äußerte 1934 die Ansicht, daß Arbeitskämpfe "no organic connection" mit der Kongreßbewegung hatten: "They take their own course, though it is a fact that the initiating of a major struggle by them is a sure index of the coming political struggle in the country. All the great national struggles that have been conducted by the Congress have been preceded by strikes and other forms of industrial unrest."[50]

Die Streikwelle zwischen 1919 und 1921 war zweifellos eng mit dem allgemeinen Freiheitskampf verflochten. Dabei fühlte sich die industrielle Arbeiterschaft von den politischen Anlässen bzw. Gegebenheiten in den einzelnen Landesteilen verschieden stark angesprochen. Ein Beispiel dafür ist die unterschiedliche Reaktion auf die 1919 erlassenen Rowlatt-Gesetze, die eine Art Ausnahmegesetzgebung darstellten - sie sahen u.a. die Vorbeugehaft vor. Während die Arbeiter die dagegen gerichtete Satyagraha-Kampagne (gewaltloser Widerstand) im Pandschab durch ihre Streiks mittrugen,[51] blieben die Arbeiterkreise der Provinz Bombay von diesen Ereignissen fast unberührt.[52]

In den Streikaktionen während der Nichtzusammenarbeitsbewegung von 1920 bis 1922 waren ökonomische Motive und politische Haltungen miteinander verknüpft. Der offizielle indische Jahresbericht für 1920 vermerkte, daß eine ganze Anzahl von Streiks im Jahre 1920, besonders jene im Kohlerevier wie im Eisenbahn- und Postwesen, nicht isoliert von der Nichtzusammenarbeitsbewegung war.[53] Obwohl der Indische Nationalkongreß keine spezifischen Forderungen von Lohnarbeitern in sein entsprechendes Programm aufgenommen hatte, gelang es ihm, Teile der Arbeiterschaft unter Losungen der Nichtzusammenarbeit zu mobilisieren. Das Ziel der Kampagne "Unabhängigkeit in einem Jahr" brachte auch die Industriearbeiter auf die Beine.

Von nationalen Losungen angesprochen, reihte sich die Lohnarbeiterschaft auch im Jahre 1921 in die Nichtzusammenarbeitsbewegung ein. Während ihrer Streiks in Madras im März 1921 unterstützten beispielsweise die Textilarbeiter aktiv Inhalte der Nichtzusammenarbeitsbewegung, indem sie vom INK organisierte Versammlungen besuchten und sich am Boykott ausländischer Waren beteiligten.[54] Auch die Kulis der vorwiegend in britischen Händen befindlichen Teeplantagen in Assam erwiesen sich für die politische Agitation des Nationalkongresses empfänglich. Einige von ihnen hatten schon Ende 1920 die Arbeit niedergelegt und eine bessere Versorgung mit Reis und Lohnerhöhungen gefordert. Als Kongreßanhänger bei ihnen Nichtzusammenarbeitskundgebungen durchführten und dabei die menschenunwürdigen Lebensbedingungen der Plantagenarbeiter zur Sprache brachten, fanden sie große Resonanz. Mehr als 800 000 Kulis traten im Mai 1921, nachdem ihrer Forderung nach Beseitigung der herrschenden Mißstände nicht entsprochen worden war, in den Streik. Spektakulär und teilweise tragisch verlief der Exodus vieler Kulis von den Plantagen, zu dem sie Kongreßpropagandisten bewogen hatten.[55]

Anläßlich des Besuches des Prinzen von Wales in Indien im November 1921 erreichte die Nichtzusammenarbeitsbewegung ihren Höhepunkt. Die Kolonialregierung hatte den Besuch mit der Hoffnung verbunden, die erregte Volksstimmung besänftigen zu können. Das Gegenteil trat ein. Die Bevölkerung ganz Indiens folgte dem Kongreß. In jeder Stadt, in der der Prinz weilte, beteiligten sich die Bewohner aller sozialen Schichten an einem *hartal*, d.h. sie stellten jede Tätigkeit (Produktion, Handel usw.) ein. Anstelle von Begrüßungsrufen vernahm der Besucher den Ruf "Mahatma ki dschai!" (Es lebe der Mahatma!).[56] Die Polizei reagierte mit Massenverhaftungen. Unter den Kongreßfreiwilligen, die in Kalkutta ins Gefängnis gebracht wurden, befanden sich zum ersten Mal sowohl Frauen der wohlhabenden Oberschicht als auch in großer Zahl Fabrikarbeiter, vor allem Muslime.[57]

Besonders enthusiastisch beteiligten sich die Bombayer Textilarbeiter am Boykott des Prinzenbesuchs. Schon auf der großen Kundgebung am 17. November 1921 - dem Tag der Ankunft per Schiff - waren sie in großer Zahl vertreten. Mahatma Gandhi selbst sprach vor den 60 000 Versammelten. Am nächsten Tag blieben die Tore der Fabriken geschlossen. 140 000 Textilarbeiter waren die Herren über die Stadtteile, in denen sich die Industrie und die Arbeiterquartiere konzentrierten. Nicht immer brachten sie ihre antikoloniale Stimmung gewaltlos zum Ausdruck. Einige vor ihnen belästigten z.B. im europäischen Stil Gekleidete, die sie als Gegner der Unabhängigkeitsidee betrachteten, andere demolierten Straßenbahnen, Busse und Mietdroschken. Noch bevor der 18. November 1921 vorüber war, hatte bereits eine große Anzahl von Personen ihr Leben verloren oder war verletzt worden, teils in Zusammenstößen zwischen Menschen mit unterschiedlicher Religionszugehörigkeit, teils durch das rücksichtslose Vorgehen der Polizei.[58]

Die Werteskala, die den gesellschaftlichen Aktivitäten der Arbeiter zugrunde lag, ist von der Geschichtswissenschaft noch unzureichend untersucht worden. So ist auch die Erfassung der "plebejischen Ideologie" bzw. der Mentalitäten der Werktätigen ein noch weitgehend ungeschriebenes Kapitel der indischen Arbeitergeschichte. Eine Studie, die über die Beschreibung von Kasten- und Gemeinschaftsloyalitäten im Arbeits- und Alltagsleben hinaus den Stellenwert solcher Kategorien wie Gerechtigkeit, Ausbeutung, Demokratie, Nation usw. für das Denken und Handeln von Industriearbeitern analysiert, steht noch aus.[59] Die Denkmuster und Verhaltensweisen von Arbeitern im städtisch-industriellen Milieu im Indien der zwanziger Jahre können deshalb auch nur vorläufig zusammenfassend eingeschätzt werden: Zum einen waren die Aktivitäten der Industriearbeiter von primordialen Bindungen und Loyalitäten geprägt, die unterhalb der Klassenebene lagen. Zum anderen entwickelte sich im Zusammenhang mit entsprechenden Aktionen die Erkenntnis, daß Industriearbeiter als eine spezifische soziale Gruppe auch besondere materielle Interessen hatten, die vertreten werden mußten. Und zum dritten nahm die Arbeiterschaft an der nationalen Bewegung teil, wobei sich ein über die Klassenebene hinausreichendes Egangement entwickelte.

ANMERKUNGEN

1. Ravinder Kumar, Essays in the Social History of Modern India, Kalkutta 1983, S. 214.
2. Sunil Kumar Sen, An Economic History of Modern India, 1848-1939, Kalkutta 1981, S. 309.
3. Report of the Royal Commission on Labour in India (RRCLI), London 1931, S. 12.
4. "Turning now to the single man's budget, we might begin by explanining that the term 'single man' is meant not an unmarried man without dependants, but a married man whose family and dependents are living away from him." Statement Exhibiting the Moral and Material Progress and Condition of India during the year 1927-28 (SEMMPCI), London/Kalkutta 1929, S. 135.
5. Labour Investigation Committee (LIC), Main Report, Delhi 1946, S. 71.
6. Chitra Joshi, Bonds of Community, Ties of Religion: Kanpur textile workers in the early twentieth century. In: The Indian Economic and Social History Review (IESHR), Delhi, 22 (1985) 3, S. 252.
7. LIC, a.a.O., S. 80.
8. RRCLI, a.a.O., S. 23 f.
9. Vgl. Chitra Joshi, a.a.O., S. 252.
10. Das patriarchalische Abhängigkeitsverhältnis des Arbeiters vom Jobber beschreibt Richard Newman, Workers and Unions in Bombay 1918-1929. A Study of Organization in the Cotton Mills, Canberra 1981.
11. Ravinder Kumar, a.a.O., S. 63.
12. Das Phänomen der kastenorientierten Jobwahl hat sich bis in die Gegenwart erhalten. Neues Material dazu analysierte Véronique Dupont in ihrem Beitrag "The Significance of Caste in the Segmentation of the Urban Labour Market. Study of a middle-sized industrial town in Western India" für die Konferenz für Moderne Südasien-Studien, Berlin, 23.-26. 9. 1992.
13. G. R. Pradhan, Untouchable Workers of Bombay, Bombay 1938, S. 111.
14. Vgl. Maren Bellwinkel, Die Kasten-Klassenproblematik im städtisch-industriellen Bereich. Historisch-empirische Fallstudie über die Industriestadt Kanpur in Uttar Pradesh, Indien, Wiesbaden 1980, S. 196.
15. Diskriminierung von Unberührbaren im Wohnverhalten von Städtern gibt es auch in der Gegenwart. Vgl. Victor S. D'Souza, Does Urbanism Desegregate Scheduled Castes? Evidence from a District in Punjab. In: Contributions to Indian Sociology (CIS)/(NS), Delhi, 11 (1977) 1, S. 219 ff.
16. Rajat K. Ray, Urban Roots of Indian Nationalism. Pressure Groups and Conflicts of Interest in Calcutta City Politics, 1875-1939, Delhi 1979, S. 51.

17 Die Beachtung von Kastenvorschriften im Privatleben (Essen, Heirat) sowie in der Gestaltung der zwischenmenschlichen Beziehungen (Freizeit, Freundschaft) hat sich in den vergangenen Jahrzehnten kaum verändert. Vgl. Chitra Joshi, Kanpur Textile Labour. Some structural features of formative years. In: Economic and Political Weekly, Bombay, 16 (1981) 44-46, S. 1828; Narendra Panjwani, Living with Capitalism: class, caste and paternalism among industrial workers in Bombay. In: CIS(NS), a.a.O., 18 (1984) 2, S. 268 ff.
18 Vgl. Dipesh Chakrabarty, Class Consciousness and the Indian Working Class: Dilemmas of Marxist Historiography. In: Journal of Asian and African Studies, 23 (1988) 1-2, S. 25 ff.; Robin Cohen: The 'New' International Labour Studies: A Definition. In: Working Paper Series No. 27. Centre for Developing-Area Studies, Montreal 1980, S.10.
19 Dipesh Chakrabarty/Ranajit Das Gupta, Some Aspects of Labour History of Bengal in the Nineteenth Century: Two Views. Occasional Paper No. 40, Centre for Studies in Social Sciences, Kalkutta 1981.
20 Vgl. Sumit Sarkar, Modern India: 1885-1947, Delhi 1983, S. 63.
21 Richard Newman, a.a.O., S. 5.
22 Daniel Houston Buchanan, The Development of Capitalistic Enterprise in India, New York 1934, S. 416 ff.
23 Indian Factory Labour Committee 1908, Report, London 1908, S. 20.
24 Ravinder Kumar, a.a.O., S. 238.
25 Vgl. Gail Omvedt, Migration in Colonial India - The Articulation of Feudalism and Capitalism by the Colonial State. In: Journal of Peasant Studies, 7 (1980) 2, S. 185 ff.
26 Vgl. Dick Kooiman, Rural Labour in the Bombay Textile Industry and the Articulation of Modes of Organization. In: Peter Robb (Hrsg.), Rural South Asia Linkages, Change and Development, London 1983, S. 146 ff.
27 Vgl. Ravinder Kumar, The Bombay Textile Strike, 1919. In: IESHR, 8 (1971) 1, S. 1 ff.
28 J. S. Mathur, Indian Working-Class Movement, Allahabad 1964, S. 21.
29 V. B. Karnik, Indian Trade Unions. A Survey, Bombay 1978, S. 409.
30 Ebenda.
31 RRCLI, a.a.O., S. 317.
32 Moni Ghosh, Our Struggle. A Short History of Trade Union Movement in TISCO Industry at Jamshedpur, Kalkutta 1973, S. 1-3.
33 R. R. Bakhale, The Directory of Trade Unions, Bombay 1925.
34 Report of the Delegation of the International Federation of Textile Workers' Associations Regarding Conditions of Labour in Textile Works in India. In: National Archives of India (NAI), Department of Industries and Labour, File No. L-835/1928, S. 5, 9.
35 Philip Spratt, The Indian Trade Union Movement. In: Gangadhar Adhikari (Hrsg.): Documents of the History of the Communist Party of India, vol. III B 1927, Delhi 1979, S. 262.
36 C. F. Andrews, A Memorandum on Trades Unionism in India. In: NAI, Industries and Labour/Labour Branch, File No. L-925(37)1925, S. 3.
37 Annihilation of Caste. In: Dr. Babasaheb Ambedkar. Writings and Speeches, vol. 1, Bombay 1972, S. 44.
38 Maharashtra State Archives (MSA), File No. 550 (25) II 1938-39: General Strike on 7.11.38, S. 95.

39 Zit. bei: Georges Kristoffel Lieten, Colonialism, Class and Nation. The Confrontation in Bombay Around 1930, Kalkutta 1984, S. 134.
40 Vgl. Peter Lloyd, A Third World Proletariat?, London 1982, S. 20.
41 NAI, Home Deptt. Poll., File No. 10/10 + K.W., 1930: Hindu-Muhammadan Riot at Delisle Road Bombay. Report of the Bombay Riots Inquiry Committee 1929, S. 5.
42 Ebenda, S. 19.
43 Ebenda, S. 5.
44 Vgl. Sabyasachi Bhattacharya, The Outsiders: A Historical Note. In: Ashok Mitra (Hrsg.), The Truth Unites. Essays in Tribute to Samar Sen, Kalkutta 1985, S. 90 ff.
45 Vgl. Sumit Sarkar, a.a.O., S. 199 f.
46 Prem Sagar Gupta, A Short History of the All-India Trade Union Congress (1920-1947), Delhi 1980, S. 14, 17.
47 Proceedings of the Meerut Trial, Statement by G.R. Kasle.
48 Ebenda, Statement by A.A. Alwe.
49 Sumit Sarkar hält die Disjunktion zwischen den Höhepunkten der kämpferischen Phasen der Arbeiterbewegung und den allgemeinen nationalen Aufschwüngen "of possibly quite considerable significance for the modern history" des Landes. Sumut Sarkar, a.a.O., S. 261.
50 Acharya Narendra Deva, Socialism and the National Revolution, Bombay 1946, S. 10.
51 Vgl. Shriniwas G. Sardesai, Marxism and the Working Class, Delhi 1981, S. 13.
52 Vgl. Ravinder Kumar, a.a.O., S. 65 f., S. 242.
53 SEMMPCI, a.a.O., 1921, S. 142.
54 Vgl. P.N. Chopra (Hrsg.), India's Major Non-Violent Movements 1919-1934. British secret reports on Indian People's peaceful struggle for political liberation, Delhi 1979, S. 79.
55 Vgl. Industrial Disputes in India, 1921-1928. In: Bulletins of Indian Industries and Labour, Nr. 43, Kalkutta 1930, S. 4 f. Den Abzug der Teeplantagenkulis von Assam und den anschließenden Streik der Eisenbahner und Flußschiffer in Bengalen beschreibt detailliert Rajat K. Ray, Masses in Politics. The Non-Cooperation Movement in Bengal 1920-1922. In: IESHR, 11 (1974) 4, S. 343 ff.
56 Vgl. Report of the Disobedience Enquiry Committee 1922, Madras 1922, S. 23.
57 Vgl. Sumit Sarkar, a.a.O., S. 219.
58 Vgl. Ravinder Kumar, a.a.O., S. 259f.; Sabyasachi Bhattacharya; Swaraj and the Kamgar: The Indian National Congress and the Bombay Working Class, 1919-1931. In: Richard Sisson/Stanley Wolpert (Hrsg.), Congress and Indian Nationalism. The Pre-Independence Phase, Delhi 1988, S. 224 ff.
59 Sabyasachi Bhattacharya, 'History from Below'. In: Social Scientist, Trivandrum 1993, Nr. 119, S. 13.

Petra Heidrich

Kastenbewegungen und Wertewandel. Die Nicht-Brahmanenbewegung und die Ansprüche der "Anderen Rückständigen Kasten"

Die Verfassung, die das Parlament des unabhängigen Indien verabschiedete, orientiert sich an den Normen der parlamentarischen Demokratie der hochentwickelten Industriestaaten des Westens. Die indische gesellschaftliche Realität bewog die Verfassungsautoren jedoch, das Grundrecht auf Gleichheit und gleiche Möglichkeiten (equality of status and opportunity) für alle Bürger durch besondere Bürgerrechte zu untersetzen. Die im Kastensystem verkörperte traditionelle Ungleichheit sollte durch eine Vorzugsbehandlung (preferential treatment) für jene Kastengruppen, die in der traditionellen Kastenhierarchie die untersten Plätze eingenommen hatten, endgültig überwunden werden.

Die Schöpfer der Verfassung waren der festen Überzeugung, die sozialökonomische Entwicklung des von der Kolonialherrschaft befreiten Landes würde die besondere Förderung von listenmäßig erfaßten Kasten und Stämmen (Scheduled Castes (SC) und Scheduled Tribes (ST)) allmählich überflüssig machen, und begrenzten deshalb mit dem Verfassungsartikel 334 die Reservierung von Sitzen in den gewählten Volksvertretungen auf Unions- und Staatenebene auf 10 Jahre. Die Reservierungspolitik entwickelte aber eine solche Eigendynamik, daß nicht nur die bereits beschlossenen Maßnahmen vom indischen Parlament jeweils um 10 weitere Jahre verlängert werden mußten und die Aussicht schwand, sie in absehbarer Zeit absetzen zu können, sondern die Politik mußte sogar noch auf andere Bereiche - besondere Berücksichtigung im öffentlichen Dienst und in staatlichen Unternehmen, die Bildungsförderung und andere Formen der Unterstützung - und immer größere Bevölkerungskreise ausgedehnt werden. Im Zusammenhang mit der Reservierungspolitik flammen immer wieder Kastenunruhen in verschiedenen Teilen des Landes auf. Sie sind ebenso zu einem Bestandteil des gesellschaftlichen Lebens geworden wie die Debatten in politischen und intellektuellen Kreisen zu diesem Thema.

Im Mittelpunkt der Diskussion um die Reservierungspolitik steht das Problem, ob sie dazu beitragen kann, die Kastenschranken sowie die Kastenideologie zu überwinden und die Säkularisierung der indischen Gesellschaft zu befördern, oder ob sie die Segmentierung in Kasten eher verfestigt. Damit eng verbunden ist die Frage, wie sich heute Kaste und Klasse zueinander verhalten. Während einige die Armut bestimmter Bevölkerungsgruppen vorrangig auf deren traditionell bedingte soziale und kulturelle Rückständigkeit zurückführen, sind andere der Meinung, daß im sozialökonomischen Differenzierungsprozeß die Kastenhierarchie in einem solchen Maße unterminiert wurde, daß anstelle der Kasten die Klassen als reale Größen getreten sind und deshalb Rückständigkeit und Förderungsbedürftigkeit vorrangig an ökonomischen Kriterien zu messen seien. Die Berücksichtigung der Interessen all jener Bevölkerungsgruppen, die wegen ihres sozialen und Bildungsrückstands eine besondere Förderung beanspruchen, ist jedoch im unabhängigen Indien zu einer politischen Notwendigkeit geworden. Die Reservierungspolitik hat tiefe historische Wurzeln.

Die Geschichte der Kastenpolitik reicht bis ins 19. Jh. zurück und ist eng mit der kulturellen Erneuerung der indischen Gesellschaft verbunden, die unter kolonialen Bedingungen ihren Anfang nahm. Anteil an dieser Erneuerung hatten nicht nur die indischen Religions- und Sozialreformer des 19. und 20. Jh. und die verschiedenen im Rahmen der Nationalbewegung agierenden gesellschaftlichen Kräfte. Auch die Nicht-Brahmanenbewegung im Süden Indiens, in der britisch-indischen Provinz Madras, und in Westindien, in der Provinz Bombay, leistete seit den ersten Jahrzehnten des 20. Jh. ihren Beitrag, die Grundfeste der traditionellen Ordnung, die starre Kastenhierarchie, von innen heraus zu zerstören. Sie bediente sich dabei der Bausteine, die das System selbst lieferte.

Der Aufstieg der Maratha-Kunbis

Die Nicht-Brahmanenbewegung in Maharashtra, einem Teil der ehemaligen Provinz Bombay, entwickelte sich aus dem 1873 von Jyotirao Phule gegründeten Satyashodak Samaj. Sie ist untrennbar mit der Herausbildung einer neuen Maratha-Identität seit dem 19. Jh. verbunden, die die aristokratische Oberschicht der Marathas mit den Bauernkasten - vor allem den Kunbis - vereinte. Es war die Begründung und Propagierung einer gemeinsamen, stolzen Maratha-Vergangenheit, die die geistigen Grundlagen für eine Annäherung dieser in der Hierarchie rituell niedrig einstuften, im gesellschaftlichen Leben jedoch dominierenden Kastengruppen schuf.[1] Die Dominanz der Maratha-Kunbis reicht weit in die Geschichte zurück und basiert auf ihrer geachteten Stellung in der agrarischen Gesellschaftsordnung im allgemeinen und in der Dorfgemeinde im besonderen. Die Nicht-Brahmanenbewegung diente dazu, den sozialökonomischen Aufstieg dieser landbesitzenden und Bauernkasten im 19. Jh. zu befördern. Indem sie an die Tradition und Geschichte der Region und ihrer aufstrebenden Kastengruppen anknüpfte und Symbole der Vergangenheit den Erfordernissen der Gegenwart entsprechend aufbereitete, konnte die Bewegung größere Bevölkerungskreise mobilisieren und die bisher unangefochtene Position der Brahmanen in der Gesellschaft erschüttern.

Während die Maratha-Kunbis 1911 in der Provinz Bombay 21,3 Prozent der Bevölkerung ausmachten, hatten die Brahmanen nur einen Anteil von 3,9 Prozent.[2] Wie auch in anderen Gebieten Indiens nahmen die Brahmanen jedoch nicht nur traditionell den Spitzenplatz in der hinduistischen Kastenhierarchie ein, sondern hatten in dem Vakuum, das mit der Beseitigung der Moghulherrschaft in der indischen Gesellschaft entstanden war, und im Zusammenhang mit der kolonialen Durchdringung des Landes eine gesellschaftliche Bedeutung gewonnen, die weder ihrer zahlenmäßigen noch ihrer ökonomischen Stärke entsprach. Die britische Kolonialmacht war zunehmend auf indische Unterstützung bei der Verwaltung des Kolonialreiches auf unterer und mittlerer Ebene angewiesen und förderte deshalb das Entstehen indischer Bildungseinrichtungen. Die Brahmanen fanden aufgrund ihres Bildungsprivilegs als Priester und Schriftgelehrte als erste Zugang zur englischen Bildung. Zudem erleichterte ihre Mobilität als nicht unmittelbar mit der landwirtschaftlichen Produktion verbundene Kastengruppe ihre Ansiedlung in den im 19. Jh. expandierenden Städten. Hier nahmen sie bald eine Schlüsselposition im öffentlichen und politischen Leben, auf der Verwaltungsebene und in den einträglichen freien Berufen ein.

Verschiedene Faktoren trugen dazu bei, daß die Maratha-Kunbis sich mit dem Ziel formierten, die Brahmanen aus dieser Position zu verdrängen. Zum einen konnte die aristokratische Oberschicht - die Marathas - auf eine wechselvolle Geschichte der Herrschaft in ihrer Region und auf frühere Auseinandersetzungen mit den Brahmanen über den Anteil an der politischen Macht zurückblicken. Sie waren bestrebt, die Hegemonie auf den Gebieten der Politik, Verwaltung und Ökonomie zurückzugewinnen. Zum anderen hatte die sozialökonomische Entwicklung der Bombay-Region in der 2. Hälfte des 19. Jh. die ökonomische Position der Maratha-Kunbis gestärkt und damit günstigere Voraussetzungen für den Erfolg dieser Bestrebungen geschaffen. Der Baumwollboom in der Folge des amerikanischen Bürgerkrieges in den sechziger Jahren, die Notwendigkeit der Versorgung der expandierenden Städte, Handels- und Verwaltungszentren mit Nahrungsmitteln und die durch den Eisenbahnbau verbesserten Kommunikationsmöglichkeiten hatten die Kommerzialisierung der Landwirtschaft gefördert, und es war eine Schicht reicher Bauern - vornehmlich aus den dominierenden landbesitzenden Bauernkasten - entstanden. Zudem zog der Staat als öffentlicher Auftraggeber kleine Unternehmer und Kontraktoren aus den Reihen der Bauern- und Dienstleistungs-Kasten in die Städte. Sie verdienten an den öffentlichen Arbeiten wie am Kanal- und Straßenbau ebenso wie im Bauwesen. Mit dem sozialökonomischen Aufstieg wuchs das Bedürfnis dieser Schichten, das Bildungsprivileg der Brahmanen zu durchbrechen und damit ihre Einflußsphäre zu erweitern.

Auch das geistig-politische Klima hatte sich verändert. Das Trauma der Unterwerfung unter eine fremde Macht, die Erfahrung der Überlegenheit der westlichen Zivilisation nicht nur auf militärischem, sondern auch auf ökonomischem und politischem Gebiet hatte die Diskussion um die Werte der traditionellen indischen Gesellschaft in Gang gebracht. Unter dem Einfluß der Ideen der europäischen Aufklärung, des Rationalismus und des britischen Liberalismus entwickelte sich unter den englisch gebildeten städtischen indischen Mittelklassen seit Beginn des 19. Jh. eine vor allem auch von Brahmanen getragene soziale und religiöse Erneuerungsbewegung, die in der Provinz Bombay 1867 zur Gründung des Prarthana Samaj führte, und die in der Entstehung des Indischen Nationalkongresses (INK) im Jahre 1885 gipfelte. In der kritischen Auseinandersetzung mit dem Zustand der Hindu-Gesellschaft kam der Gedanke auf, daß das zentrale Organisationsprinzip, das Kastensystem, das Haupthindernis für den ökonomischen Fortschritt bildete, daß es für Stagnation und Rückständigkeit verantwortlich war und Reformen dringend geboten waren.

Der Reformgedanke konnte unter den kolonialen gesellschaftlichen Bedingungen nur von einer kleinen gebildeten städtischen Oberschicht gepflegt werden und erfaßte bei weitem nicht die gesamte Gesellschaft. Er gab aber geistig-ideologische Impulse, die von den Shudra-Kasten genutzt werden konnten, um die herausgehobene Position der Brahmanen in Frage zu stellen. Zum Vorreiter der Nicht-Brahmanenbewegung in Maharashtra wurden Jyotirao Phule und der von ihm gegründete Satyashodak Samaj.

Diese rationalistische, sozioreligiöse Reformbewegung mit Gleichheitsidealen wollte die traditionelle Kastenhierarchie zerstören. In ihrer praktischen Tätigkeit war sie konsequenter als die Reformer der englisch gebildeten Oberschicht und erreichte größere Bevölkerungskreise. Jyotirao Phule - selbst Angehöriger der Mali-Kaste (Gärtner, Obst- und Gemüseproduzenten) - richtete schon Mitte des 19. Jh. die ersten Schulen nicht nur für Frauen, sondern auch für Unberührbare ein.[3] Die Brahmanen gerieten vor allem als Ideologen und traditionelle Hüter der Kastenordnung ins Feuer der Kritik. Unter Phules Einfluß wollte die Gesellschaft in den Anfangsjahren nicht nur die Maratha-Kunbis, sondern alle unmittelbar und mittelbar mit der materiellen Produktion verbundenen Kasten - die Bauern-, Handwerks- und Dienstleistungskasten ebenso wie die Unberührbaren am Boden der Kastenhierarchie - in einer gemeinsamen Bewegung gegen die Vormachtstellung der oberen Kasten mobilisieren.

Als die Nicht-Brahmanenbewegung im ersten Drittel des 20. Jh. über den Rahmen des Satyashodak Samaj hinaus politisch aktiv wurde und eine Oberschicht erste Erfolge bei der Kolonialmacht erzielte, verlor sie jedoch viel von dem radikalen Gehalt der frühen Jahre. Das Hauptanliegen der fortan die Bewegung dominierenden Strömung in Maharashtra war nicht mehr vorrangig die Beseitigung des Kastensystems an sich, sondern eine größere Mobilität, die den Aufstieg zu sozialer Anerkennung und politischem Einfluß ermöglichte. Dies manifestierte sich z. B. in dem Bestreben der Maratha-Elite - repräsentiert von Shahu Chhatrapati, dem Maharaja von Kolhapur und engagierten Förderer der Nicht-Brahmanenbewegung - für die nunmehr weit gefaßte Kategorie der Marathen den Kshatriya-Status zu beanspruchen.

In dem Maße, wie sich die Bewegung zunehmend um die Maratha-Kunbis gruppierte, wurden die Interessen vor allem der rückständigsten, sozial diskriminierten Kastengruppen - der Unberührbaren - vernachlässigt.

Südindien: Zentrum der Nicht-Brahmanenbewegung

Zum eigentlichen Zentrum der Nicht-Brahmanenbewegung wurde der Süden Indiens, die ehemalige britisch-indische Provinz Madras. Es gibt viele Parallelen zu der Bewegung in Maharashtra, aber auch beträchtliche Unterschiede. Wie in Maharashtra war im Süden der Anteil der Brahmanen an der Bevölkerung geringer als in der Gangesebene. Er betrug hier 1911 sogar nur 3 Prozent.[4] Ethnisch und in ihrer Lebensweise unterschieden sich die Brahmanen hier stärker von der übrigen Bevölkerung als in den anderen Gebieten Indiens. Obwohl auch in Südindien die Gesellschaft streng in Kasten (jatis) segmentiert war, hatte sich jedoch die Varna-Ordnung nicht in gleicher Weise wie im Norden durchgesetzt. Die Brahmanen repräsentierten als zugewanderte Hüter der sanskritischen Gelehrsamkeit und Religion den obersten Varna in der hinduistischen Hierarchie, während die nicht nach Varna-Kategorien gegliederte Bevölkerung in der britischen Zeit insgesamt dem unteren Varna, den Shudras, zugeordnet wurde.

Die Kluft zwischen den Brahmanen und den landbesitzenden und -bearbeitenden Kastengruppen - den Vellalas, Kapus, Reddis, Kammas und Velamas - war in der Realität geringer, als es rituell den Anschein hatte.[5] In der vorkolonialen Zeit bestand ein gegenseitiges Abhängigkeitsverhältnis zwischen den Brahmanen und der landbesitzenden Oberschicht, die auch die herrschende Klasse stellte. Nicht-brahmanische Kastengruppen wie die Velamas hatten sogar Zugang zur Sanskritliteratur und beanspruchten einen hohen sozialen Rang. Auf Grund ihrer dominierenden Rolle in Politik und Wirtschaft zeigten die landbesitzenden Kastengruppen im Süden zu jener Zeit ein weitaus größeres Selbstbewußtsein als die Bauernkasten der Gangesebene, wo traditionell die drei oberen Varnas Wirtschaft und Politik beherrschten. So wiesen die Verfasser des am 20. Dezember 1916 im "Hindu" veröffentlichten Non-Brahmin Manifesto mit Stolz darauf hin, daß nicht nur 40 von 40,5 Millionen der Bevölkerung der Provinz Madras Nicht-Brahmanen waren, sondern daß auch "the bulk of the taxpayers, including a large majority of the zamindars, landholders and agriculturists" zu dieser Kategorie gehörten.[6] Wie in Maharashtra sah eine privilegierte Oberschicht in der Nicht-Brahmanenbewegung ein Mittel, traditionelle Positionen zurückzuerobern, vorhandenen Einfluß zu erweitern oder neuen zu gewinnen.

Ähnliche Faktoren wie in Maharashtra erklären den Ursprung und die Zielrichtung der Bewegung. Mit der allmählichen Veränderung der durch das Zusammenwirken der Kasten (jatis) geregelten dörflichen Produktionsverhältnisse unter der Kolonialherrschaft, der im Gefolge der Marktwirtschaft zunehmenden sozialökonomischen Differenzierung und der Abwanderung ländlicher Gruppen in die Städte war das Gefüge der südindischen Gesellschaft ins Wanken geraten. Die Privatisierung des Tempeleigentums ebenso wie zunehmende Beschäftigungsmöglichkeiten in den Städten lösten die Brahmanen aus ihren traditionellen Bindungen und beförderten ihren sozialen Aufstieg. Sie konnten dabei auch im Süden ihr traditionelles

Bildungsprivileg nutzen. Während 1911 unter den männlichen Tamil- und Telugu-Brahmanen etwa 70 Prozent Schulbildung besaßen, waren es bei den Bauernkasten der Kammas und Reddis nur um die 11 Prozent und bei den Vellalas 24,6 Prozent.[7] Zugang zur englischen Bildung hatten sich knapp 19 Prozent der männlichen Tamil- und Telugu-Brahmanen verschafft, aber nur 0,2 Prozent unter den Kammas und Reddis und 2,1 Prozent der männlichen Vellalas.[8] Mit diesen Voraussetzungen konnten die mobilen Brahmanen auch im Süden die Mehrheit der unter den kolonialen Bedingungen für Inder erreichbaren Positionen auf der Verwaltungs- und Bildungsebene besetzen.

Die sich in den Städten ansiedelnde Elite der dominierenden Bauernkasten, die auf dem Lande den Brahmanen auch in ritueller Hinsicht sehr nahe war, fand sich dagegen in die große Kategorie der Shudras eingereiht und hatte Mühe, im Wettbewerb mit den Brahmanen ihren sozialen Rang zu behaupten. M. Ross Barnett hält das "Gefühl einer relativen Deprivation" dieser Elite für die treibende Kraft der frühen Nicht-Brahmanenbewegung in Madras.[9] Ihr Konzept, das das Handeln einer gesellschaftlichen Gruppe als Reaktion auf die reale oder vermeintliche Bedrohung ihrer sozialen Position begreift, kann auch zur Erklärung anderer ethnischer, religiöser oder Kastenkonflikte beitragen. Artikuliert wurde dieses Gefühl von der relativ kleinen Schicht aus diesen Kastengruppen, die sich schon englische Bildung angeeignet und einflußreiche städtische Positionen eingenommen hatte - im Tamilgebiet waren es vor allem die Vellalas. Die Nicht-Brahmanenbewegung hatte im Süden demzufolge zu Anfang nur eine schmale soziale Basis. Im Gegensatz zu Maharashtra, wo die Begründer der Nicht-Brahmanenbewegung sich von Anfang an kulturell engagierten und um die Verbreitung ihrer Ideen auf dem Lande bemühten, blieb die Bewegung im Süden lange auf die Städte beschränkt und wurde zuerst auf dem politischen Gebiet aktiv. Die im August 1917 gegründete South Indian Liberal Federation - nach ihrer Zeitung in der Folgezeit auch Justice Party genannt - sah ihre Hauptaufgabe darin, der Kolonialregierung politische Konzessionen abzuringen und auf diese Weise den Brahmanen die führende Position im sozialen und politischen Leben der Städte streitig zu machen.

Das Ziel: Politische Konzessionen oder Gesellschaftsreform?

Es lag im Interesse der Kolonialmacht, eine Politik auf Kastenbasis zu fördern. Gedrängt von der Notwendigkeit, nach dem ersten Weltkrieg durch Verfassungsreformen größere Kreise der einheimischen Bevölkerung in die Verwaltung des Landes einzubeziehen, und konfrontiert mit den weitreichenden Forderungen der vom Indischen Nationalkongreß geführten anschwellenden Nationalbewegung, belohnte sie nach dem Prinzip des "divide et impera" die Kooperationsbereitschaft der Oberschichten bestimmter Gesellschafts-, Religions- und Kasten-Gruppen mit administrativen Zugeständnissen. Die Verfassungsreform von 1920, die auf Provinzebene gewählten, der Legislative verantwortlichen indischen Ministern die Verantwortung für untergeordnete Ressorts wie kommunale Selbstverwaltung, Gesundheit, Erziehung, landwirtschaftliche Entwicklung u.a. übertrug, während Inneres und Finanzen in britischen Händen blieben, sah eine beträchtliche Erweiterung der gewählten Vertreter für die gesetzgebenden Räte und eine Ausdehnung des äußerst beschränkten Wahlrechts vor. Durch eine Senkung der vornehmlich auf dem Besitzstand beruhenden Barriere erhöhte sich der Bevölkerungsanteil der Wahlberechtigten auf etwa 2,8 Prozent. Gleichzeitig zeigte sich die Kolonialmacht bereit, weiterhin bestimmte Gesellschaftsgruppen über die Einrichtung separater Wählerschaften oder das Nominierungsprinzip gesondert zu berücksichtigen. Mit dem zögerlichen Schritt zur parlamentarischen Demokratie wurde das Ständeprinzip nicht aufgegeben.[10]

Die Veröffentlichung der Montagu-Chelmsford Reformvorschläge im Jahre 1918 löste infolgedessen heftige politische Aktivitäten für die Erweiterung der separaten Wählerschaften aus, die bisher nur Grundbesitzern, Industrie und Handel, Universitäten sowie Muslimen gewährt worden waren. Neben Sikhs, Indischen Christen, Anglo-Indern und Europäern, die entsprechend den lokalen Gegebenheiten in einzelnen Provinzen berücksichtigt wurden, meldeten auch die begüterten Nicht-Brahmanen sowie Vertreter der Unberührbaren Ansprüche auf separate Wählerschaften an. Während den sog. depressed classes, der Stammesbevölkerung und rückständigen Gebieten nur nominierte Vertreter zugestanden wurden, waren die Nicht-Brahmanen in Madras und die Marathas in Bombay mit ihrer Agitation erfolgreicher.

Indem die Kolonialmacht im Rahmen der Verfassung Gemeinschaften (communities) nicht nur auf Religions-, sondern auch auf Kastengrundlage eine Sonderbehandlung zusicherte, nahm sie entscheidenden Einfluß auf die Form, in der gesellschaftliche Auseinandersetzungen in der Folgezeit ausgetragen wurden. Dennoch war es nicht die geschickte Politik der Kolonialregierung, die die Widersprüche entstehen ließ. Das Kastensystem war im Ergebnis des kolonialen Transformationsprozesses in Bewegung geraten, und die Maßnahmen der Kolonialadministration machten diese Bewegung auf politischer Ebene sichtbar.

Die Oberschicht der dominierenden Kasten in Maharashtra und der Provinz Madras, die sich Hoffnung auf Erweiterung ihres politischen Einflusses machen konnte, hatte früh die Forderung nach einer Reservierungspolitik für die nicht-brahmanischen Kasten auf der politischen Ebene und auf dem Bildungsgebiet erhoben. Der Maharaja von Kolhapur selbst hatte schon 1902 50 Prozent der zu besetzenden unteren Verwaltungsposten für "rückständige Gemeinschaften" reserviert.[11] Im Rahmen der Verfassungsreform von 1920 gelang es der Nicht-Brahmanenbewegung, in der Provinz Madras die Reservierung von 28 [12] und im Deccan von letztendlich 7 Sitzen[13] in den gewählten Körperschaften für die eigene Interessengemeinschaft durchzusetzen. In der Zeit seit 1920, in der die Justice Party in der Provinz Madras Einfluß auf die Regierungspolitik nahm, konnte sie gegenüber der Kolonialverwaltung erfolgreich ihre Forderung nach angemessener Vertretung für Nicht-Brahmanen im Erziehungswesen, in gewählten Körperschaften und im Staatsdienst vorbringen. Mit der ersten und zweiten Communal Government Order (CGO) wurde 1921 und 1922 die Reservierungspolitik erweitert.[14] Förderungsmaßnahmen untersetzten sie später. 1927 stellte auch die Bombayer Legislative 50 Prozent der Stellen im unteren Verwaltungsdienst für "rückständige Klassen" - d. h. Nicht-Brahmanen und Unberührbare - zur Verfügung.[15]

Die im wesentlichen auf Reservierung von Ämtern und Positionen ausgerichtete politische Aktivität der städtischen Oberschicht nicht-brahmanischer Kasten bewog Christopher Baker, 1971 in einer Rezension harsche Kritik an Eugene F. Irschick zu üben, der den "Mythos des Nicht-Brahmanismus" voll geschluckt hätte, wo doch Politik nur stattfand "within a very small section of society scrambling for an even smaller amount of education and prestigious jobs and vying for control of many little empires".[16] Wenn die "non-Brahmin community" in vieler Hinsicht auch nur eine Fiktion war, so ist die Bewegung sicher nicht nur auf die politischen Aktivitäten einer kleinen Oberschicht zu reduzieren.

Das Gefüge der traditionellen indischen Gesellschaft war auf allen Ebenen in Bewegung geraten, und die Nicht-Brahmanenbewegung war sowohl Ausdruck als auch Beförderer des Prozesses der kulturellen Erneuerung. Die von Religions- und Sozialreformern des 19. Jh. eingeleitete Diskussion um die Werte der indischen Tradition wurde von der Nicht-Brahmanenbewegung und den von ihr abgeleiteten Strömungen aufgegriffen und auf Gebieten weitergeführt, wo die Sozialreformer nur zögerlich vorankamen. Die geistigen Väter der Nicht-Brahmanenbewegung richteten ihren Angriff gegen die theoretische Grundlage der hierarchischen Kastengliederung, die brahmanisch-hinduistische Gesellschaftslehre mit ihrem "varnāshrama dharma" (die Pflichten der Kasten und Lebensalter). Sie trugen dazu bei, das geistig-kulturelle Konzept zu unterminieren, das die Ungleichheit der überkommenen Gesellschaftsordnung legitimiert hatte. So wie Jyotirao Phule und seine Anhänger die brahmanische Orthodoxie mit einer vernichtenden Kritik am gesamten Kastensystem und mit eigenen Aktivitäten zur Förderung der Unberührbaren herausgefordert hatte, so brachte auch die Nicht-Brahmanenbewegung in Südindien radikale Sozialreformer wie E. V. Ramaswami Naicker mit seiner Bewegung für Selbstachtung hervor. E. V. R. Naicker konnte an kritische Ideen zum gesamten Kastensystem anknüpfen, die mit der frühen Nicht-Brahmanenbewegung in der Provinz Madras verbunden und zeitweilig in den Hintergrund getreten waren.

Gleichzeitig beteiligten sich die Akteure der Nicht-Brahmanenbewegung an der Suche nach neuen gesellschaftlichen Leitlinien, die die brahmanische Ideologie ersetzen konnten. Ihr Eigeninteresse bewog sie, sich in diesem Zusammenhang auch kritisch mit dem Gedankengut des britischen Liberalismus auseinanderzusetzen. So äußerte z. B. A. B. Lathe, ein Nicht-Brahmanenführer aus Bombay, auf der 6. Jahreskonferenz der Non-Brahmin Federation von Madras 1922 Kritik an der Übertragung der Darwinschen Doktrin des unerbittlichen Existenzkampfes auf die Gesellschaft. In der Leistungsgesellschaft, in der nur der Tüchtigste überlebt, sahen die Nicht-Brahmanen ihre Chancen im Wettbewerb durch die traditionell bedingte kulturelle Rückständigkeit geschmälert. Lathe bemerkte: "For long, long years, the wiseacres of the brahmin community told us ... that we were condemned by an Almighty Providence to a mental dullness which made us unfit to go to school. In the parlance of liberalism, we were not to live and survive the struggle for existence. From motives extremely different, the British officials said amen to this brahminical doctrine."[17] Folgerichtig forderte er die Modifizierung der "laissez faire"-Politik des britischen Liberalismus im Sinne einer speziellen gesellschaftlichen Förderung Benachteiligter, in diesem Fall der nicht-brahmanischen Kasten. Die Nicht-Brahmanenbewegung nährte damit den Zweifel an der Rechtmäßigkeit sozialer Ungleichheit, wie sie von der traditionellen Gesellschaftslehre festgelegt und unter anderen Vorzeichen im kolonialen Indien fortgeschrieben wurde.

Die ideologisch-geistige Wirkung der Nicht-Brahmanenbewegung war deshalb von weit größerer Bedeutung als die Aktivitäten von Oberschichten auf der politischen Ebene. Sie strahlte nicht nur auf andere Regionen Indiens aus, sondern befähigte auch die untersten, am meisten diskriminierten Kastengruppen, die Unberührbaren, zum Widerstand gegen die traditionelle Ordnung. Deren Führer erhielten nicht nur Auftrieb durch die Ideen der Religions- und Sozialreformer, sie erfreuten sich auch zeitweilig der aktiven Unterstützung der Nicht-Brahmanenbewegung vor allem in politischen Fragen. Da die Unberührbaren im wesentlichen zu den unmittelbaren Produzenten gehörten, somit nicht nur sozial diskriminiert, sondern auch ökonomisch ausgebeutet wurden, maßen ihre Ideologen der Frage der sozialen Gerechtigkeit eine größere Bedeutung bei als die Vertreter der nicht-brahmanischen Oberschichten. Weitaus kritischer als sie beurteilte zum Beispiel B. R. Ambedkar, der anerkannte Führer der Unberührbaren-Bewegung, die bürgerlich-demokratischen Werte des Westens, wenn er bemerkte: "Political democracy cannot succeed where there is no social and economic democracy."[18] Er sah Chancengleichheit unter den Bedingungen ökonomischer Ungleichheit ebenfalls nicht gegeben und berührte aus der Kastensicht einen Aspekt, der von Sozialisten und Kommunisten im Rahmen der Arbeiter- und Bauernbewegung in Indien auf andere Weise artikuliert wurde. Das Problem der ökonomischen Rückständigkeit fand auf diese Weise Eingang in die Kastendiskussion.

Das Verhältnis von Nicht-Brahmanen- und Unberührbaren-Bewegung war nicht ohne Spannungen. Zum einen entstand die Unberührbaren-Bewegung - vor allem in Maharashtra - im Schoße der Nicht-Brahmanenbewegung. Sie erhielt von ihr auch in Südindien geistig-ideologische Impulse und das Instrumentarium für die politische Arbeit. Zeitweilig erfuhr sie auch deren aktive Unterstützung, vor allem durch den Satyashocak Samaj in Maharashtra, wie auch die Selbstrespekt-Bewegung des E. V. R. in Madras. Selbst die Justice Party bemühte sich kurze Zeit nach ihrer Gründung noch um die Unberührbaren. So organisierte Kandaswami Chetti im Oktober 1917 ein Treffen mit Unberührbaren. Er stieß allerdings bei dem Präsidenten der Pariah Mahajanah Sabha auf gesundes Mißtrauen in die innere Reformwilligkeit der nicht-brahmanischen Kasten. Sein Angebot zur Zusammenarbeit wurde nicht angenommen.[19] Das Mißtrauen der Unberührbaren war berechtigt, denn die Führer der politischen Nicht-Brahmanenbewegung neigten dazu, den Gedanken einer radikalen Gesellschaftsreform aufzugeben und moderat zu werden, sobald für die eigene Gesellschaftsgruppe die politischen Ziele erreicht waren. Die Justice Party in

Madras geriet bald in Streit mit den Führern der Unberührbaren-Elite in den eigenen Reihen. So ergriff sie z. B. 1921 in den Puliyanthope-Unruhen anläßlich eines Textilarbeiterstreiks in den Carnatic Mills in Madras die Partei der Kasten-Hindus gegen die Unberührbaren.[20]

Im Jahre 1923 verließ der Repräsentant der Unberührbaren im Gesetzgebenden Rat (Legislative Council) und Unberührbaren-Führer von Madras, M. C. Rajah, nach großen Enttäuschungen die Justice Party. Er charakterisierte die Partei mit den Worten: "It is clear to all those who have eyes to see that beneath the verbiage of some members and beneath the cant of communal representation there ist nothing in truth original than the hideous features of the class despotism and caste tyranny."[21] Und B. R. Ambedkar mußte feststellen: "We cannot rely upon the non-Brahmins and ask them to fight our battle." Selbst jene, die die Vorherrschaft der Brahmanen ablehnten, waren seiner Meinung nach "more interested in levelling down the Brahmins than in levelling up the suppressed classes".[22] Er zog den Schluß, daß die Unberührbaren ihre Interessen in einer eigenen Bewegung vertreten müßten. Die sozialen und ökonomischen Differenzen zwischen den an der Nicht-Brahmanenbewegung beteiligten Kastengruppen und Klassen konnten somit nur zeitweilig und in Teilfragen überbrückt werden.

Das Anliegen der Nichtbrahmanenbewegung im weitesten Sinne, die kulturelle Erneuerung der indischen Gesellschaft, ließ sie auf Unterstützung durch die Kolonialmacht hoffen und brachte sie in Konflikt mit der vom Indischen Nationalkongreß getragenen nationalen Befreiungsbewegung. Vor allem aus politischen Erwägungen hatte der INK in den ersten Jahrzehnten des 20. Jh. die Frage der Religions- und Sozialreform zurückgestellt. Da er im gesamtgesellschaftlichen Interesse die nationale Befreiung zur Hauptaufgabe erklärt hatte, war seine Politik darauf gerichtet, die innerhalb der indischen Gesellschaft aufbrechenden Widersprüche zu befrieden und ihre Lösung auf die Zeit der Unabhängigkeit zu vertagen. So wie die in der ersten Hälfte des 20. Jh. aufkommende Arbeiter- und Bauernbewegung drückende sozialökonomische Probleme zur Sprache brachte, machte die Nicht-Brahmanenbewegung in dieser Situation nachdrücklich auf die Inkonsequenz und Halbherzigkeit aller bisherigen Religions- und Sozialreformen aufmerksam. Zum anderen beherrschten Angehörige der oberen Kasten, und wiederum in erster Linie Brahmanen, auch die führenden Gremien des INK. Die Tatsache, daß selbst Gandhi trotz all seiner Bemühungen um die Reformierung des Hinduismus lange Zeit am

Prinzip des varnāshrama dharma festhielt, schürte noch das Mißtrauen der durch die hierarchische Ordnung besonders bedrückten Kastengruppen in die Reformbereitschaft des INK.

Wenn auch die politische Nicht-Brahmanenbewegung bis in die dreißiger Jahre vorrangig auf Kooperation mit der Kolonialmacht setzte und den INK verdächtigte, im Falle der Unabhängigkeit eine Brahmanenherrschaft errichten zu wollen, hatte sie seinem wachsenden politischen Einfluß immer weniger entgegenzusetzen. Man mußte der Tatsache Rechnung tragen, daß sich viele Verfechter der Nicht-Brahmanenideologie aus der jüngeren Generation dem INK in größerer Zahl anzuschließen begannen. So wurde im Juli und August 1927 auf Sondersitzungen der Non-Brahmin Confederation in Coimbatore und der Non-Brahmin Conference in Bombay die Frage, ob man Mitgliedern der organisierten Nicht-Brahmanenbewegung den Eintritt in den INK gestatten sollte, nach langen Diskussionen im wesenlichen positiv entschieden.[23]

Die Nicht-Brahmanenideologie hatte jedoch schon vorher ihre Anhänger im Indischen Nationalkongreß. Obwohl Brahmanen in der Nationalbewegung eine wichtige Rolle spielten, waren auch in den Provinzen Bombay und Madras Vertreter aller Gemeinschaften in der Bewegung aktiv. In der Provinz Madras bildeten nach der Ankündigung der Montagu-Chelmsford Reformen im Jahre 1917 die Nicht-Brahmanen im Nationalkongreß sogar eine eigene Organisation, die Madras Presidency Association (M.P.A.), um - unter anderen politischen Vorzeichen als die Justice Party - ebenfalls die Anerkennung der Nicht-Brahmanen als separate Wählerschaft zu fordern. Führende Persönlichkeiten der zweiten, radikalen Etappe der Nicht-Brahmanenbewegung in Madras wie E.V. Ramaswami Naicker kamen aus der Kongreßbewegung.

Es war vor allem die politische Entwicklung in den dreißiger Jahren, die den INK auch für bäuerliche Schichten attraktiv machte. Im Unterschied zur Justice Party z.B., die weitaus stärkere Bindungen zum ländlichen Grundbesitz hatte, entschloß sich der INK, in den auf die Weltwirtschaftskrise folgenden Agrarunruhen die Partei der Bauern zu ergreifen. Er konnte sie so für die nationale Bewegung des zivilen Ungehorsams gewinnen.[24] Mit der Zuspitzung der ökonomischen Probleme gewannen die Klassenunterschiede zumindest zeitweilig größere Bedeutung als die Kastenprobleme. Auch Mahatma Gandhis verstärkte Bemühungen um die Unberührbaren hatten ihre Wirkung. In Südindien konnte der INK mit seinen Kampagnen den Einfluß unter den an weitreichender Sozialreform interessierten und von der Justice Party enttäuschten Nicht-Brahmanen und Unberührbarenführern ausbauen.[25]

Kasten-Gemeinschaften und der Modernisierungsprozeß

Umstritten ist die Frage, inwieweit die Nicht-Brahmanenbewegung tatsächlich zur Modernisierung der indischen Gesellschaft beitrug, ob sie im wesentlichen eine Abwehrreaktion gegen die unter der Kolonialherrschaft eingeleiteten Prozesse war, ob sie nur die Form bot, in der sich gesellschaftliche Veränderungen darstellten, oder ob sie die Gesellschaftsreform aktiv beförderte. Marguerite Ross Barnett beschreibt die Herausbildung eines kulturellen, d. h. im Unterschied zum territorialen Nationalstaat ethnisch bestimmten Tamil-Nationalismus als einen Prozeß gesellschaftlichen Wandels im Zuge der Modernisierung. Die Nicht-Brahmanenbewegung, die diesen Prozeß einleitete, wird als wichtiger Bestandteil des sozialen Wandels betrachtet, weil sie dazu beitrug, daß die Kastengruppen sich aus ihrer funktionellen Interdependenz, aus der festgefügten hierarchischen traditionellen Gesellschaft herauslösten und auf die modernen Bedingungen einstellten. Der Umstand, daß einerseits Gemeinschaften - in diesem Fall Kasten oder Kastengruppen - weiterhin den Rahmen für gesellschaftliches Handeln boten, die Kaste andererseits aber einen Funktionswandel erfuhr und entgegen ihrem traditionellen Wesen nun soziale Mobilität beförderte, bewog sie, von einem neuen kulturellen Prinzip, einem "kollektiven Individualismus", zu sprechen.[26] Sie ging davon aus, daß Gemeinschaften eine wichtige Rolle im Modernisierungsprozeß zu spielen begannen, und reihte sich damit in die große Gruppe von Wissenschaftlern ein, die, wie Lloyd I. Rudolph es formulierte, eine "transformation of caste from a guardian of the traditional order to an agent of political democracy" zu beobachten glauben.[27]

D. A. Washbrook bezweifelt dagegen, daß "the specific qualities of Tamil 'collectiv-individualist' ideology warrant it being classified as Modern at all"[28]. Seiner Meinung nach hat die tamilische soziale Geisteshaltung zwischen dem 18. und dem 20. Jh. keine wesentlichen Veränderungen erfahren. Es war der unaufhörliche, auf der Basis eines "kollektiven Individualismus" ausgetragene politische Kampf um Vorteile, der die sozialen Beziehungen in einer Gesellschaft mit einer "highly fractionalized 'petit bourgeois' class base and extremely localized jati structures" regulierte.[29] Die dravidische Politik, von der Nicht-Brahmanenbewegung über das radikale Dravidentum des E. V. Ramaswami Naicker bis zum Tamil-Nationalismus der DMK, bezeichnet er deshalb nur als eine "Serie von Reaktionen auf die Folgen der 'Modernisierung' der Tamil-Gesellschaft", als einen "Protest gegen das 20. Jh"[30].

So unterschiedlich hier die tamilische Geschichte bewertet wird, besteht doch Übereinstimmung darin, daß Gemeinschaften ihre Bedeutung für das gesellschaftliche Handeln, und sei es nur im Verteilungskampf, bewahrt haben. Diese unbestreitbare Kontinuität bewegt wiederum Jayant Lele, den Gedanken eines gesellschaftlichen Fortschritts auf andere Weise als Washbrook in Frage zu stellen. Die Maratha-Dominanz, die sich im Ergebnis der Entwicklung im 19. und 20. Jh. herausgebildet hat, ist für ihn nur "a modern reassertion of a traditional hegemonic rulership, resting in the control of the means of production", nicht aber "a new and secularly-guided manifestation of lower caste-class consciousness"[31]. Lele lenkt damit die Aufmerksamkeit auf ein weiteres strittiges Thema - die soziale Komponente der Nicht-Brahmanenbewegung und aller Kastenbewegungen überhaupt. Seiner Meinung nach gelang es der Maratha-Elite in der Maratha-Kunbi Kastengruppe, sich mit ihrer auf das Gemeinschaftsgefühl setzenden patriarchalisch-patrimonialen Ideologie glaubhaft als Verfechter allgemeiner Bauerninteressen darzustellen,[32] damit potentiell gegensätzliche Klasseninteressen zu verschleiern und die eigene Hegemonie zu festigen. So konnte sich, seiner Ansicht nach, auch die Maratha-Elite der humanistischen Ideen Jyotirao Phules bemächtigen, die Ansätze nicht nur zu einer radikalen Kritik am orthodoxen Brahmanentum, sondern auch an der Maratha-Hegemonie geboten hatten. Mit der Kshatriya-Ideologie degradierte sie die Bewegung gegen den orthodoxen Brahmanismus zu einer Bewegung gegen die Brahmanen. Leles Argumentation führt ihn zu dem Schluß, daß mit der Nicht-Brahmanenbewegung die Grundlagen für einen modernen "Interessengruppen-Pluralismus"[33] gegeben waren. Da dieser Pluralismus sowohl die politische als auch die Klassenpolarisierung behinderte, trafen sich auf dieser Ebene die Interessen der Kolonialmacht mit denen einheimischer privilegierter Klassen.

Die Möglichkeit, eine klassenübergreifende Gemeinschaftsideologie bis in die Zeit des unabhängigen Indien zu erhalten, führen J. Lele für Maharashtra wie auch D. A. Washbrook für Südindien auf die besondere Weise zurück, in der sich die Klassendifferenzierung in Indien auf dem Lande, aber auch in der Stadt von der Kolonialzeit bis in die Gegenwart vollzog.

Trotz der seit dem 19. Jh. zunehmenden marktwirtschaftlichen Differenzierung unter den Bauern in Maharashtra blieben Reste der im Rahmen der Dorfgemeinde geregelten Kastenbeziehungen intakt. Arme Bauern wurden in der Regel nicht proletarisiert, sondern verwandelten sich in Pächter mit immer ungünstigeren Pachtbedingungen. Familien- und Kastenbindungen zwischen reichen und armen Bauern wurden aufrechterhalten. In Tamilnad wiederum beruht die Landwirtschaft seit jeher und bis heute auf der kleinen Bauernwirtschaft und einer unübersichtlichen, weit gestreuten Verteilung der Rechte am Land, wobei es allerdings beträchtliche regionale Unterschiede gibt. Die wachsenden Reichtumsunterschiede manifestierten sich hier, wie D. A. Washbrook feststellt,[34] mehr noch als in anderen Gegenden Indiens nicht durch Verluste an Landrechten. Statt dessen nahm die Fragmentierung des Landes zu. Da kleine Bauern Landarbeiter beschäftigen wie auch sich selbst zur Landarbeit verdingen, bleiben die Unterschiede zwischen Kapital und Arbeit bis in die Gegenwart undurchsichtig. Auch in den Städten bewirkten die Urbanisierung und Industrialisierung keine für die Masse der Bevölkerung deutlich sichtbare Abgrenzung von Kapital und Arbeit. "What, in effect, these forces brought was the further and almost infinite proliferation of a petit bourgeoisie based in pedlar commerce, quasi-artisanal and small workshop production and educated professional employment", bemerkt D. A. Washbrook.[35] Die großbürgerlichen Elemente verbargen sich hinter schwer durchschaubaren Finanz-, Industrie- und Handelsgesellschaften. Da sich keine deutlich sichtbare Klassenpolarisierung vollzog, blieben in dem Klima sozioökonomischer Unsicherheit wechselnde, sich auf die Tradition berufende Gemeinschaften die Bezugsgröße für individuelles und gesellschaftliches Handeln.

Die soziale und die ethnisch-nationale Dimension der Nicht-Brahmanenbewegung

In ihrer wechselvollen Geschichte wurden der soziale Gehalt, der Charakter und die Entwicklungsrichtung der Nicht-Brahmanenbewegung von den jeweils die Bewegung tragenden Kastengruppen und deren sozialer Basis bestimmt. Obwohl die Bewegung sowohl in West- als auch in Südindien von der Oberschicht der regional dominierenden landbesitzenden und -bearbeitenden Kasten initiiert wurde, behielt sie in Maharashtra einen stärkeren bäuerlichen Hintergrund. Sie war dort politisch schwächer, weil sie ihre Basis nur in der Maharashtra-Region der Provinz Bombay und zudem einen weit stärkeren Widersacher hatte. Sie suchte ihren im wesentlichen ländlich bestimmten ökonomischen und politischen Einfluß gegen eine Kombination von oberen Kasten- und Bevölkerungsgruppen zu erweitern, die das städtische Finanz- und Handelskapital wie die einflußreichen freien Berufe und damit auch das gesellschaftliche Leben in den Städten dominierten. J. Leles Überzeugung, daß die Nicht-Brahmanenbewegung in Maharashtra nie Masseninteressen vertrat, sondern von aufstrebenden Oberschichten geschickt als Instrument genutzt wurde, die eigene Dominanz zurückzuerobern oder zu befestigen, wurde von Gail Omvedt in dieser Absolutheit nicht geteilt.

G. Omvedt unterschied zwei Trends in der Nichtbrahmanenbewegung in Maharashtra - einen vorwiegend bäuerlich ausgerichteten, das Kastensystem radikal ablehnenden Trend und eine ideologisch konservative Richtung im Interesse oberer Klassen, die mit Hilfe der Kshatriya-Ideologie ihren Rang im System erhöhen wollte. Während sie den Satyashodak Samaj im wesentlichen als Vertreter des ersten Trends sah, repräsentierte die Nicht-Brahmanenpartei ihrer Meinung nach die zweite Richtung, sofern sich beide nicht überlappten.[36] Der bäuerliche soziale Charakter zeigt sich nach ihrer Auffassung darin, daß im Rahmen des Satyashodak Samaj deutlich zwischen den Interessen der "bahujan samaj" - der "Gemeinschaft der Mehrheit", also der Massen, der Shudras - und den entgegengesetzten Interessen der "shetji-bhatji" - der Geschäftsleute und Brahmanen - unterschieden wurde. Die Gesellschaft brachte ein bäuerlich demokratisches Element auch in die Politik der Nicht-Brahmanenpartei ein.[37] Angesichts der im 19. und 20. Jh. noch nicht ausgeprägten Klassenpolarisierung innerhalb der Bauernschaft vertrat die Nicht-Brahmanenbewegung auf bäuerlicher Basis zeitweilig Masseninteressen, meinte G. Omvedt.[38]

In Südindien wurde die Bewegung in der Anfangszeit von nicht-brahmanischen Kastengruppen mit hohem rituellen Status getragen, die sozial und bildungsmäßig weit weniger rückständig als andere nicht-brahmanische Kasten waren. Die Justice Party z. B. wurde von den landbesitzenden Eliten der Reddis und Vellalas, von den Kapus und Kammas, den Nairs aus Malabar und den Handelsgruppen der Beri Chettis und Balija Naidus unterstützt. Sie konnte auf die Mitarbeit von Vertretern der gebildeten städtischen Mittelklasse aus diesen Kastengruppen rechnen,[39] sofern diese nicht schon in der Kongreßbewegung aktiv waren. Als die Justice Party in der Provinz Madras ihr unmittelbares politisches Ziel - Beteiligung an der Verwaltung der Provinz und Förderungsmaßnahmen für die eigene Klientel

– in den zwanziger Jahren erreicht hatte, wurde sie sozial konservativ, beschränkte ihre Aktivität allein auf die politische Ebene und verlor beträchtlich an Einfluß.

Die Nicht-Brahmanenbewegung wurde seit Mitte der zwanziger Jahre auf anderer Ebene, im Rahmen der Selbstrespekt-Bewegung des E. V. Ramaswami Naicker, fortgeführt. Indem E. V. R. den Gedanken einer Religions- und Sozialreform, die alle Schichten der nicht-brahmanischen Bevölkerung, auch die Unberührbaren, mit einschloß, wieder aufgriff und sich in dieser Frage radikal mit dem INK im allgemeinen und mit Gandhi im besonderen auseinandersetzte, konnte er das Interesse an der Nicht-Brahmanenbewegung neu beleben und weitere Kreise einbeziehen, als es die Justice Party vermocht hatte. Zwar stammten auch die Führer der Selbstrespekt-Bewegung aus den Reihen der oberen nicht-brahmanischen Kasten, der Vellalas und Balija Naidus z. B., aber sie gehörten zu den nicht englisch gebildeten Schichten dieser Kasten und traten volkstümlich auf. Sie sprachen Angehörige breiterer ländlicher Schichten ohne Grundbesitz, niedere Handwerkerkasten, Frauen, Jugendliche und vor allem neu in die Städte zugewanderte Angehörige mittlerer Kastengruppen mit geringerer Bildung an.[40] Unter diesen Umständen blieb die Frage von Bildungschancen und Arbeitsplätze im Verwaltungsdienst, die von Brahmanen und nun auch oberen Nicht-Brahmanen besetzt waren, ein zentrales Thema. Im Mittelpunkt der Religions- und Sozialkritik stand das Prinzip des varnāshrama dharma. Es konnte von der Selbstrespekt-Bewegung um so erfolgreicher in Frage gestellt werden, als es als fremdes, mit der brahmanischen Kultur aus dem Norden Indiens aufgezwungenes Prinzip charakterisiert wurde, dem man die andersartige dravidische Identität entgegensetzte. Die Selbstrespekt-Bewegung hatte entscheidenden Anteil am Auftrieb der tamilisch ethnisch-nationalen Bewegung.[41]

Der organisierte Widerstand gegen die 1938 von der neu installierten Kongreßregierung angeregte Einführung von Hindi als Pflichtfach verlieh der ethnisch-nationalen Bewegung eine neue Qualität.[42] Unvermeidbare Meinungsverschiedenheiten in einer sich zunehmend differenzierenden und stärker politisierten Gesellschaft konnten in einer gemeinsamen ethnisch-nationalen Bewegung überbrückt werden. In den vierziger Jahren hatten nämlich neue, im Vergleich mit den oberen landbesitzenden und Handel treibenden Kasten rückständige Handwerker- und Dienstleistungskasten die politische Arena betreten. Zu ihrer Politisierung trug auch die Kolonialmacht bei, die im Rahmen der Verfassungsreformen das auf begüterte und gebildete Bevölkerungskreise beschränkte Wahlrecht allmählich ausweitete. Ins Blickfeld rückte die Aussicht auf ein allgemeines Wahlrecht im unabhängigen Indien. Die Forderung neuer Kastengruppen nach einem Anteil an den nunmehr von den oberen Kasten besetzten einträglichen und einflußreichen Positionen auf dem Bildungs-und Verwaltungsgebiet sowie im politischen Leben konnte unter diesen Umständen nicht mehr überhört werden. Nach dem von den oberen nicht-brahmanischen Kasten in die Politik eingeführten Prinzip formierten sich diese Kastengruppen als "rückständige Nicht-Brahmanen" (backward non-Brahmins) in Abgrenzung von den "fortgeschrittenen Nicht-Brahmanen" (forward non-Brahmins). Um nach bewährtem Muster ihre Ansprüche auf Vorzugsbehandlung gegenüber der Kolonialregierung vortragen zu können, wurde 1934 die Madras Provincial Backward Classes League gegründet. Die Anerkennung ihrer Forderungen führte in der Tendenz dazu, daß Vertreter neuer, sozial und bildungsmäßig rückständiger Bevölkerungsgruppen in die städtischen Oberschichten aufrücken konnten.

Die Kastenbewegungen in Südindien waren zu einem Mittel im Verteilungskampf geworden und stellten das alte soziale System nicht mehr grundsätzlich in Frage. Es gab zahlreiche Beispiele dafür, daß rückständige Kastengruppen kleiner Landbesitzer oder auch Landarbeiter zwar Förderung für die eigene Gemeinschaft beanspruchten, gleichzeitig aber erbittert ihren traditionell höheren sozialen Status gegenüber den Forderungen der Unberührbaren verteidigten.[43] In dem Maße, wie sich in Südindien der politische und ökonomische Verteilungskampf verstärkte, die Nicht-Brahmanenbewegung auf immer größere Bevölkerungsgruppen ausgeweitet und neue Kreise in die politische Elite assimiliert werden mußten, gewann die ethnisch-nationale Frage auf Kosten der Sozialreform an Boden. "Social reform, which had meant destruction of the caste system, came to mean 'uplift of the downtrodden' Tamilians", bemerkt M. Ross Barnett.[44] Die politische Mobilisierung immer größerer Bevölkerungsschichten und ihre ethnisch-nationale Formierung in Auseinandersetzung mit dem Kolonial- und später mit dem indischen Nationalstaat bildeten die Grundlage für den speziellen, letztlich erfolgreichen Populismus der dravidischen und später tamilischen Politik der Dravida und Dravida Munnetra Kazhagam. Diese Politik stellte die unscharf bestimmten Bedürfnisse des "kleinen Mannes" in den Mittelpunkt.[45] Lloyd I. Rudolph charakterisierte diesen Populismus mit den Worten: "Dravidian movements often use the vocabulary of the socialist left. But when they appeal to the poor against the rich, it is not as proletarians, but as men with little property and status who would like to have more."[46] Die von D. A. Washbrook beschriebene tamilische Gesellschaftsstruktur beförderte eine Entwicklung, in der die innergesellschaftlichen Auseinandersetzungen zugunsten einer herausfordernden Haltung nach außen - gegenüber dem indischen Staat und der in der Zentrale regierenden Partei - in den Hintergrund traten.

Der Anspruch der "Anderen Rückständigen Klassen"

Als die Madras-Regierung 1947 zum erstenmal Stellen für "Rückständige Hindus" reservierte, bedeutete das die politische Anerkennung einer neuen sozialen Kategorie. Es wurden jene Kastengruppen gesondert gefaßt, die im unabhängigen Indien unter der Bezeichnung "Andere Rückständige Klassen" (Other Backward Classes - OBC's) auch im Norden politische Bedeutung erlangen sollten. Die Nicht-Brahmanenbewegung hatte die Bewegung der "Anderen Rückständigen Klassen" vorbereitet, ihr die geistigen Grundlagen und das politische Rüstzeug geliefert.

In der ersten Hälfte des 20. Jh. war der Gedanke der Förderung kulturell, d. h. sozial und bildungsmäßig traditionell rückständiger Kastengruppen zu einem Bestandteil der Kolonialpolitik geworden. Im unabhängigen Indien verpflichtete sich der Staat in der Verfassung zwar vorerst nur zur Förderung der in Listen erfaßten Unberührbaren- und Stammesgruppen, ließ aber die Möglichkeit von speziellen Maßnahmen zur Förderung von "sozial und bildungsmäßig rückständigen Klassen von Bürgern"[47] offen, die nicht den "Eingetragenen Kasten und Stämmen" angehörten. Die Bildung einer Kommission zur Untersuchung der Probleme dieser Schichten wurde in den staatspolitischen Leitlinien der Verfassung empfohlen.[48] Die Identifizierung der "Anderen Rückständigen Klassen" erwies sich jedoch als dorniges Problem. Die erste 1953 unter dem Vorsitz von Kaka Kalelkar mit diesem Auftrag vom Präsidenten eingesetzte Kommission drohte schon an der Bestimmung des Kriteriums für Rückständigkeit zu scheitern. Selbst als man sich für die Kaste als Kriterium entschied, entstand Streit über die in Frage kommenden Kastengruppen. Das Problem wurde 1961 an die einzelnen Staaten delegiert, die zum Teil eigene Kommissionen mit unterschiedlichen Resultaten einsetzten. In einer Reihe von Staaten wurden den "Anderen Rückständigen Kasten" Posten im Staatsdienst und in einigen Fällen auch in Bildungseinrichtungen vorbehalten, wobei ein erbitterter Streit um den Anteil der zu vergebenden Positionen geführt wurde. Obwohl die Reservierungsquoten in der Regel in den südindischen Staaten weitaus höher sind - in Karnataka, Tamilnad und Kerala betrugen sie 40 Prozent, in Haryana dagegen 10, in Uttar Pradesh 15 und in Bihar 24 Prozent[49] - kam es gerade im Norden zu gewalttätigen Auseinandersetzungen um die Reservierungspolitik.[50] Während sich die Unruhen 1978 in Marathwada und die Proteste 1980 in Gujarat gegen Maßnahmen zur Förderung der "Eingetragenen Kasten und Stämme" richteten, ging es in den Auseinandersetzungen 1978 in Bihar um Reservierungsquoten für "Andere Rückständige Kasten". Die Unruhen 1990 in Uttar Pradesh, aber auch in Haryana und Rajasthan, waren die Antwort auf das Bestreben der Koalitionsregierung von V. P. Singh, die Empfehlungen einer zweiten, 1978 auf Unionsebene für "Andere Rückständige Kasten" eingesetzten Kommission, der Mandal-Kommission, in die Tat umzusetzen.

Die politische Bedeutung der Auseinandersetzung um Reservierungsquoten war von Beginn an weitaus größer als der unmittelbare Nutzen der erkämpften Fördermaßnahmen, die immer nur einer kleinen Oberschicht der jeweiligen Kastengruppen zugute kamen. Da die gebildete Mittelklasse in den Städten schneller wächst als die Beschäftigungsmöglichkeiten, sind die angesichts der großen Zahl von Bewerbern wenigen Plätze in den Bildungseinrichtungen und im öffentlichen Sektor heiß umkämpft. Während die in die Städte drängende Jugend aus den Oberschichten sozial und bildungsmäßig benachteiligter Kastengruppen eine Vorzugsbehandlung verlangt, um traditionell bedingte Defizite auszugleichen, wehrt sich die nach Ausbildung und Arbeit suchende Jugend aus den oberen Kastengruppen ebenso erbittert gegen die Schmälerung ihrer Chancen durch höhere Reservierungsquoten. Aus dem Kampf um Ausbildungs- und Arbeitsplätze in der Stadt werden Kastenunruhen, die auf das Land ausstrahlen. Die Reservierungspolitik birgt ein gefährliches Explosivpotential in sich.

Die Shudra-Kasten der Gangesebene

Wie schon im Falle der Nicht-Brahmanenbewegung waren die Auseinandersetzungen um Reservierungsquoten im Norden nur die Erscheinungsform einer gesellschaftlichen Bewegung, die sich seit längerem unter der politischen Oberfläche vollzog. Für eine organisierte Nicht-Brahmanenbewegung wie im Süden waren im Norden in der Kolonialzeit die Bedingungen nicht gegeben. Seit vorkolonialer Zeit teilte sich hier eine zahlenmäßig große Gruppe von Kasten aus den drei oberen Varnas einen rituell höheren

Status, ökonomischen Einfluß und politische Macht. In der Auseinandersetzung mit den Werten des orthodoxen Hinduismus, die auch im Norden stattfand, boten deshalb die Brahmanen allein kein geeignetes Angriffsziel. In den Vereinten Provinzen (UP), dem Gebiet des heutigen Uttar Pradesh, teilten sich z. B. Brahmanen und Rajputs Grundbesitz und politischen Einfluß. Sie stellten 1931 etwa 17 Prozent der Bevölkerung.[51] Die oberen, ökonomisch starken und einflußreichen Bauernkasten, die Bhumihars (Bhuinhars), Tagas und Jats, die, obwohl rituell höher eingestuft, in ihrer gesellschaftlichen Stellung den Vellalas, Kammas und Reddis im Süden am ehesten entsprachen, hatten dagegen nur einen Bevölkerungsanteil von etwa 2 Prozent.[52] Das Bildungsmonopol hatten in den UP die Kayasthas, während unter den männlichen Brahmanen nur etwa 29 Prozent Schulbildung und nur 2,4 Prozent Englischkenntnisse besaßen.[53] Auch in den Provinzen Bihar und Orissa machten 1931 die den drei oberen Varnas angehörenden Kasten zusammen etwa 12 Prozent der Bevölkerung aus.[54] Es waren die Brahmanen, Bhumihars und Rajputs, die die Mehrheit der großen und kleinen Landbesitzer wie der reichen Bauern stellten, die Kayasthas als Schriftgelehrte und die Händlerkaste, die Baniyas. Die Masse der mittleren und Kleinbauern, der Pächter und Feldarbeiter stellten die Shudra-Kasten der Yadavas und Kurmis mit einem Bevölkerungsanteil von 12 - 13 Prozent in den Vereinten Provinzen und 14 - 15 Prozent in Bihar und Orissa.[55] Die Landarbeiter kamen zumeist aus den Unberührbaren-Kasten, die in den Vereinten Provinzen einen Bevölkerungsanteil von etwa 23 Prozent und in Bihar von rund 15 Prozent hatten.[56]

Neben den Unberührbaren-Organisationen waren es die zahlenmäßig zersplitterten Shudra-Kasten, die sich seit Beginn des 20. Jh. unter dem Einfluß von Religions- und Sozialreformern gegen die Prinzipien der hierarchischen Kastenordnung aufzulehnen begannen. Im Gegensatz zur Nicht-Brahmanenbewegung im Süden griffen sie das hierarchische System selbst jedoch noch nicht an, sondern schlossen sich in Kastenorganisationen, -assoziationen und -föderationen zusammen, um über organisierte Bildungsbestrebungen, veränderte Sitten und Gebräuche sowie eine reformierte Religion ihren Status zu erhöhen. Wenn es auch nur Sanskritisierungsbestrebungen im Rahmen des Systems waren, so stellten sie doch traditionelle Unterordnungs- und Abhängigkeitsverhältnisse in Frage. Die oberen Kasten reagierten vor allem auf dem Lande mit erbittertem Widerstand.

Die Yadava-Kastenassoziation z. B. entstand im Norden unter dem Einfluß der religiösen Reformideen des Arya Samaj,[57] der wesentliche Prinzipien des orthodoxen Brahmanismus ablehnte. Indem Yadavas den Kshatriya-Status beanspruchten, sich die Insignien der drei oberen Varnas, der zweifach Geborenen, - die heilige Schnur - aneigneten, sich der vedischen Zeremonien bemächtigten und sich in Bihar z. B. weigerten, traditionellen Verpflichtungen wie der unbezahlten Arbeit (begar) nachzukommen, rüttelten sie an dem traditionellen Beziehungsgeflecht und erzürnten die hochkastigen Landbesitzer.[58] Mit ihrer erst im 20. Jh. erarbeiteten Yadava-Ideologie, die die mythologisch-theoretische Begründung für einen höheren Kastenstatus mit den Reformgedanken des Arya Samaj verband, gelang es der 1923 gegründeten All India Yadav Mahasabha, über ihr Kerngebiet in Bihar, U. P. und Punjab hinaus Kastengruppen mit ähnlichen beruflichen und Tätigkeitsmerkmalen - Viehwirtschaft und Ackerbau - in ganz Indien zu einer neuen community mit einer gemeinsamen Yadava-Identität zu vereinen.

Im unabhängigen Indien eröffneten die Einführung des allgemeinen Wahlrechts, die Einrichtung örtlicher Selbstverwaltungsorgane und die Aussicht auf spezielle Förderung den Shudra-Kastengruppen neue Möglichkeiten des sozialen Aufstiegs. Sanskritisierungsbestrebungen verloren ihren Sinn. Allein die zahlenmäßige Stärke einer Kaste machte sie zu einem umworbenen Wählerpotential. Eine gute ökonomische Position, Zugang zur Bildung, zu städtischen Berufen und zu politischem Einfluß wurden zunehmend wichtiger für den sozialen Aufstieg als der rituelle Status. Kastenassoziationen solcher "Rückständiger Kasten" wie der Yadavas erhielten in den sechziger Jahren Auftrieb mit neuen Forderungen wie die Anerkennung des Kastenkriteriums bei der Bestimmung der "Anderen Rückständigen Klassen". Die Bestätigung der Rückständigkeit mit Aussicht auf Vorzugsbehandlung versprach unter den veränderten Bedingungen größere Aufstiegschancen als die Sanskritisierungsbestrebungen. Deshalb engagierten sich die Yadavas von nun an führend in der Bewegung der rückständigen Kasten.[59]

Nicht nur die politische, auch die ökonomische Entwicklung im unabhängigen Indien trug dazu bei, die Bedeutung der mittleren Shudra-Kasten im gesellschaftlichen Leben des Landes zu erhöhen. Die Landreformen hatten letztlich eine breite Schicht bäuerlicher Eigentümer entstehen lassen. Ehemalige Pächter aus den Reihen der Jats, aber auch der mittleren, als rückständig eingestuften Bauernkasten der Yadavas, Kurmis, Koeris, Lodhs und Gujars konnten Eigentumsrechte erwerben und wurden im Rahmen der "grünen " und "weißen" Revolutionen (in Ackerbau und Milchwirtschaft) zu "Bullock-Capitalists", wie die Rudolphs es nennen.[60] Seit den siebziger Jahren nahm damit auch ihre politische Bedeutung zu.

Auch im unabhängigen Indien sind vor allem auf dem Land noch die Konturen der alten Kastenordnung erkennbar. Die Korrelation zwischen der traditionellen Position einer Kastengruppe und ihrem Platz in der Gesellschaft, auf die z. B. Fallstudien des Centre for Social Studies, Surat, hindeuten[61], wird vor allem sichtbar, wenn man ganze Kastengruppen betrachtet und vor allem die unteren mit den oberen vergleicht. Die Fallstudien zeigen aber ebenso deutlich, daß auch die einzelnen Kasten selbst einem beachtlichen inneren sozialökonomischen Differenzierungsprozeß ausgesetzt sind. In allen Kastengruppen hat sich eine Oberschicht herausgebildet, und auch in den oberen Kasten gibt es Armut und wirtschaftlichen Rückstand. Dieser Differenzierungsprozeß hat jedoch auf dem Lande nicht zu einer deutlichen Klassenpolarisierung geführt. Politiker können noch immer eher mit der Kastenloyalität als mit Klassensolidarität rechnen. Gerade weil sie Reichtumsunterschiede innerhalb von Kasten und Kastengruppen überdecken kann, wird die Kastenloyalität seit den siebziger Jahren von der bäuerlichen Oberschicht zunehmend als Mittel im Kampf um politischen Einfluß eingesetzt. Die Reservierungsdiskussion hat diesen Trend verstärkt.

In Bihar orientierte sich die 1956 von der Praja Socialist Party (PSP) abgespaltene Socialist Party mit ihrem Begründer, Rammanohar Lohia, von Beginn an auf die rückständigen Kasten.[62] Die Partei hatte sich mit der Bihar State Backward Classes Federation zusammengeschlossen und konnte sich im Laufe der Zeit eine Basis unter den aufstrebenden Ahirs, Kurmis und Lodhs schaffen. Seit 1967 erzielte sie auch zeitweilig politische Erfolge. Es war aber vor allem Charan Singh, ein Jat, der als Interessenvertreter der bäuerlichen Oberschicht gegenüber der städtischen Bourgeoisie die Monopolstellung des INK ins Wanken brachte. Der INK hatte sich zwar seit der Unabhängigkeit um die Erweiterung seiner sozialen Zusammensetzung bemüht und auch Vertreter der Oberschicht unterer Kastengruppen auf verschiedenen Ebenen an der Macht beteiligt, aber Angehörige oberer Kastengruppen dominierten noch immer die Führungsgremien von Partei und Regierung, sowohl in den einzelnen nordindischen Staaten als auch in der Zentrale. Charan Singh verstand es, die unbefriedigten politischen Ambitionen der mittleren Shudra-Kasten für seine Zwecke zu nutzen. Die 1969 von ihm gegründete Bharatiya Kranti Dal appellierte an das Kastenbewußtsein, um den wohlhabenden bäuerlichen Schichten den politischen Einfluß zu verschaffen, der ihre ökonomische Position sichern konnte. Zoya Hasan bemerkte: "The BKD's class appeal was directed towards the rich and middle peasants, while its caste appeal attracted a large number of small holders among the Backward Castes."[63] Der Zusammenschluß der BKD mit der Samyukta Socialist Party (SSP) zur Bharatiya Lok Dal (BLD) im Jahre 1974 vergrößerte noch die soziale Basis unter den rückständigen Kasten und ermöglichte zeitweilige politische Erfolge. Da jedoch die Berücksichtigung von Kasteninteressen zu einem Bestandteil der politischen Kultur in Indien geworden ist und fast alle großen Parteien u. a. auch um Kastenloyalitäten wetteifern, bleibt es schwierig, die in sich differenzierten Kasten oder Kastengruppen an eine Partei zu binden. Der Kastenappell allein bietet keine sichere politische Basis.

Mit ihrem ökonomischen Aufstieg entwickelten die mittleren bäuerlichen Kastengruppen nicht nur ein wachsendes Selbstbewußtsein und politisches Interesse, sie schickten sich auch an, ihre neu erworbene Position gegenüber den Landarbeitern mit allen Mitteln zu behaupten. Da ein großer Teil der Landarbeiter noch immer aus den traditionell diskriminierten Gruppen der Unberührbaren stammt, die als Angehörige eingetragener Kasten eine besondere Förderung durch die INK-Regierungen erfuhren, traten die Klassenauseinandersetzungen wiederum vornehmlich als Kastenprobleme in Erscheinung und erhielten zudem eine politische Dimension. In seinem Kommentar zu den Kastenunruhen von 1978 in Bihar bemerkte Arun Sinha: "Since this class of rich peasants from the backward castes is a rising class, it is very aggressive. It has to fight two battles. Socially and politically, it is struggling against the upper castes; and economically it is facing the harijan agricultural labourers and sharecroppers who are now organizing themselves."[64] Außer der Reservierung von Arbeitsplätzen forderten die Demonstranten der All India Backward Classes Federation am 14. März 1978 in Patna die Freilassung der Kurmis, die wegen der Ermordung von 11 Landarbeitern in Belchhi in Haft waren.

Die Emanzipation der Shudra-Kasten und die Rückständigkeit

Sowohl die öffentliche Diskussion um die staatliche Reservierungspolitik und die sie begleitenden Unruhen im Land als auch die soziologischen Untersuchungen beweisen, daß die Kaste als soziokulturelles Phänomen in der indischen Gesellschaft noch lebendig ist. Zwar wurden die herkömmlichen sozialökonomischen Strukturen durch die kapitalistische, marktwirtschaftliche Entwicklung zerstört. In dem seit der Unabhängigkeit beschleunigten ökonomischen Differenzierungsprozeß bildet sich eine neue Ordnung heraus, in der sich Klassen in ihren Konturen abzeichnen. Dennoch scheint vor allem auf dem Lande noch das traditionelle Muster durch. So ist die Differenzierung innerhalb der zahlenmäßig starken Bauernkasten insgesamt nicht so weit fortgeschritten, daß die Unterschiede ein gemeinsames politisches Handeln auf Kastenbasis ausschließen würden.

Wenn die Kastengemeinschaft auch noch immer mobilisiert werden kann, hat sie doch seit dem 19. Jh. einen bedeutsamen Funktionswandel erfahren. Während sie in der traditionellen, agrarisch geprägten Gesellschaft die gesellschaftliche Arbeitsteilung fixieren half, wird sie heute von ihren Mitgliedern im Ringen um eine günstige Ausgangsposition in der aufkommenden Industriegesellschaft eingesetzt. Dieser Funktionswandel war nur möglich durch die Zerstörung der im Varna-System verkörperten hierarchischen Gliederung der Gesellschaft. Es waren nicht nur ökonomische Faktoren, sondern auch ein kultureller Wertewandel, der seit der Kolonialzeit die hierarchische Sozialordnung untergrub. Die Nicht-Brahmanen- und die Unberührbaren-Bewegung hatten an dieser Entwicklung ihren Anteil.

Während die Nicht-Brahmanenbewegung das Prinzip des varnāshrama dharma schon unter kolonialen Bedingungen demontierte, bemühten sich die zahlenmäßig, ökonomisch und politisch schwächeren Shudra-Kasten im Norden noch um den traditionellen Weg des sozialen Aufstiegs im Rahmen des Kastensystems. Aber auch ihre Sanskritisierungsbestrebungen vollzogen sich schon unter dem unmittelbaren Einfluß der Religions- und Sozialreform. Der Schritt von der Sanskritisierung zur Westernisierung im unabhängigen Indien war deshalb relativ leicht zu vollziehen. Statt einen höheren Kastenstatus zu beanspruchen, halten es die Shudra-Kasten in der Gegenwart für nützlicher, ihre Rückständigkeit nachzuweisen.

Die Nicht-Brahmanenbewegung in ihren unterschiedlichen Formen, die zeitweilig im weitesten Sinne auch die Unberührbaren-Bewegung einschloß, hatte von Beginn an zur Diskussion um Rückständigkeit und um die Wege zu ihrer Überwindung beigetragen. Dem Charakter der Bewegung entsprechend ging es vorrangig um die traditionell bedingte soziale und bildungsmäßige Rückständigkeit. Von weitsichtigen Führern der untersten Kastengruppen, der Unberührbaren, wurde schon in der Kolonialzeit auch das Problem der wirtschaftlichen Rückständigkeit angesprochen. Im unabhängigen Indien ließ sich das wirtschaftliche Kriterium aus der Diskussion nicht mehr ausklammern. Es begleitet die Reservierungspolitik bis in die Gegenwart und konnte von den Politikern auch deshalb nicht ignoriert werden, weil die Forderung nach der Anerkennung wirtschaftlicher Kriterien statt des Kastenstatus ebenfalls von bedrängten Angehörigen oberer Kasten wie den gegen die Reservierungspolitik protestierenden Studenten erhoben wird. In unterschiedlichem Maß fanden wirtschaftliche Gesichtspunkte unter dem Druck der Zentralregierung seit 1961 auch Eingang in die Reservierungspolitik der einzelnen Staaten.

Die Diskussion um ökonomische Kriterien kann jedoch den konservativen Trend, der die Kastenpolitik von Anfang an begleitete, nicht überdecken. Es waren immer Oberschichten von benachteiligten Kastengruppen, die sich seit den Tagen der Nicht-Brahmanenbewegung um Aufstiegschancen und Umverteilung im Rahmen eines Gesellschaftssystems bemühten, das auf sozialökonomischen Unterschieden beruht. Die Herausbildung von mehr oder weniger großen Oberschichten in allen Kastengruppen mit wirtschaftlichem und vor allem auch politischem Einfluß kann zwar dazu beitragen, wie Gail Omvedt meint, das Monopol der oberen Kasten zu beseitigen oder zumindest einzuschränken und die Korrelation von Kaste und Klasse endgültig zu zerstören.[65] Kastenbewegungen haben aber niemals konsequent den Kampf gegen Rückständigkeit in Form von Armut, um eine sozial gerechte Gesellschaftsordnung geführt. Nur bei den untersten Kastengruppen klang dieses Thema an. Der kulturelle Wertewandel betraf die Wertvorstellungen der überlebten Gesellschaftsordnung und bewirkte eine Modifizierung der Spielregeln der bürgerlich-demokratischen Ordnung. Trotz ihrer gelegentlichen explosiven Wirkungen bedrohte die Kastenpolitik nicht das herrschende politische System, weder in der vor- noch in der nachkolonialen Zeit. Da Kastenpolitik trotz der populistischen Rhetorik vor allem die Interessen der Oberschichten der jeweiligen Kastengruppen befriedigte, gelang es auch den regierenden Kräften von der Kolonialzeit bis ins unabhängige Indien, diese Oberschichten durch eine Politik, die F. Frankel "accomodation and co-option"[66] nennt, in das System einzubeziehen. Die Reservierungsbeschlüsse waren Ausdruck dieser

Politik. Kastengruppen werden als Interessengruppen im Rahmen eines pluralistischen Systems behandelt.

Die Reservierungspolitik bleibt ein zweischneidiges Schwert. Während sie einerseits dazu beiträgt, die traditionelle Kastenhierarchie zu zerstören, fördert sie andererseits das Bewußtsein der Kastenidentität. Die damit verbundene Segmentierung der Gesellschaft macht das veränderte gesellschaftliche Gefüge für die Individuen schwer durchschaubar.

ANMERKUNGEN

1 Vgl. Rosalind O'Hanlon, Caste, Conflict and Ideology. Mahatma Jyotirao Phule and Low Caste Protest in Nineteenth Century Western India, Cambridge 1985, S. 307.
2 Vgl. Census of India, 1931, Bd. I - India, Teil I - Report, Delhi 1933, S. 464.
3 Vgl. Gail Omvedt, Cultural Revolt in a Colonial Society. The Non-Brahman Movement in Western India, 1873-1930, Bombay 1976, S. 107.
4 Vgl. Census of India, 1931, Bd. I, Teil I, a.a.O., S. 465.
5 D. A. Washbrook, Caste, Class and Dominance in Modern Tamil Nadu. Non-Brahmanism, Dravidianism and Tamil Nationalism. In: Francine R. Frankel/M.S.A. Rao (Hrsg.), Dominance and State Power in Modern India. Decline of a Social Order, Bd. I, Delhi 1989, S. 211 ff.
6 The Non Brahmin Manifesto. In: Eugene F. Irschick, Politics and Social Conflict in South India. The Non-Brahman Movement and Tamil Separatism, 1916-1929, Berkeley/Los Angeles 1969, Appendix 1, S. 358.
7 Vgl. Census of India, 1921: Madras, XIII, Teil I, S. 119. Zit. bei: Eugene F. Irschick, a.a.O., S.16.
8 Vgl. Census of India, 1921, ebenda, S. 128-129. Zit. bei: Eugene F. Irschick, ebenda, S. 17.
9 Vgl. Marguerite Ross Barnett, The Politics of Cultural Nationalism in South India, Princeton 1976, S. 26.
10 Vgl. Dietmar Rothermund, Indische Geschichte in Grundzügen, Darmstadt 1989 (3. Aufl.), S. 95 ff.
11 Vgl. Gail Omvedt, Cultural Revolt ..., a.a.O., S. 127.
12 Vgl. Eugene F. Irschick, a.a.O., S. 172.
13 Vgl. Gail Omvedt, Cultural Revolt ..., a.a.O., S. 188.
14 Vgl. First Communal G.O./Second Communal G.O. In: Eugene F. Irschick, a.a.O., Appendix 2/Appendix 3, S. 168 ff.
15 Vgl. Gail Omvedt, Cultural Revolt ..., a.a.O., S. 197.
16 Christopher Baker, Review: Politics and Social Conflict in South India ... by Eugene F. Irschick, Berkeley/Los Angeles 1969. In: Modern Asian Studies, 5 (1971) 3, S. 227.
17 Sixth Annual Conference of the Non-Brahmin Federation, Madras, 26th December 1922. In: The Indian Annual Register (IAR) 1922-23, Bd. I, Neudruck, Delhi 1990, S. 987.

18 B. R. Ambedkar, What Congress and Gandhi have done to the Untouchables, Bombay 1946, S. 207.
19 Vgl. Eugene F. Irschick, a.a.O., S.71
20 Vgl. ebenda, S. 189 ff.
21 M.C. Rajah, The Oppressed Hindus, Madras 1925, S. 71.
22 Satyagraha at Mahad. Dr. Ambedkar's Plea for Abolition of Social Disabilities. The Indian National Herald, dated 28th December 1927. In: Source Material on Dr. Babasaheb Ambedkar and the Movement of Untouchables, Bd. I, Bombay 1982, S. 16.
23 Vgl. the Non-Brahmin Confederation, Coimbatore - 2nd July 1927/The Bombay Non-Brahmin Conference, 27th August. In: IAR, 1997, Bd. II, Neudruck, Delhi 1990, S. 313 ff., S. 325 ff.
24 Vgl. Dietmar Rothermund, Die Interferenz von Agrarpreissturz und Freiheitskampf in Indien. In: Ders., Die Peripherie in der Weltwirtschaftskrise: Afrika, Asien und Lateinamerika 1929-1939, Paderborn 1983, S. 127 ff.
25 Vgl. David Arnold, The Congress in Tamilnad, Nationalist Politics in South India, 1919-1937, London 1977, S. 146 f.
26 Vgl. Marguerite Ross Barnett, a.a.O., S. 162 f.
27 Lloyd I. Rudolph, Urban Life and Populist Radicalism. Dravidian Politics in Madras. In: The Journal of Asian Studies, 20 (1961) 3, S. 283.
28 D. A. Washbrook, a.a.O., S. 231.
29 Ebenda, S. 230.
30 Ebenda, S. 243.
31 Jayant Lele, Caste, Class and Dominance: Political Mobilization in Maharashtra. In: Francine R. Frankel/M.S.A. Rao (Hrsg.), a.a.O., Bd. II, Delhi 1990, S. 115.
32 Ebenda, S. 153 f.
33 Ebenda, S. 154.
34 D. A. Washbrook, a.a.O., S. 217.
35 Ebenda, S. 220 f.
36 Vgl. Gail Omvedt, Cultural Revolt ..., a.a.O., S. 3.
37 Ebenda, S. 4 f.
38 Vgl. Gail Omvedt, The Satyashodak Samaj and Peasant Agitation. In: The Economic and Political Weekly (EPW), Bombay 8 (1973) 44, S. 1972.
39 Vgl. Eugene F. Irschick, a.a.O., S. 176 f.
40 Vgl. ebenda, S. 334.
41 Vgl. Dagmar Hellmann, Die Cuyamariyatai Iyakkam (Bewegung für Selbstachtung) in der Madras Presidency 1925-1945 - Vorläufer der gegenwärtigen dravidischen Parteien in Taminadu. In: Internationales Asienforum, 9 (1978) 3/4, S. 243 ff.
42 Vgl. zu dieser Thematik Dagmar Hellmann-Rajanayagam, Tamil. Sprache als politisches Symbol. Politische Literatur in der Tamilsprache in den Jahren 1945 bis 1967. Mit besonderer Berücksichtigung der Schriften der Führer der dravidischen Bewegung: E. V. Ramacami und C. N. Annaturai, Wiesbaden 1984.
43 Vgl. z. B. Marguerite Ross Barnett, a.a.O., S. 62-64.
44 Ebenda, S. 318.
45 Ebenda, S. 321.
46 Lloyd I. Rudolph, Urban Life and Populist Radicalism ..., a.a.O., S. 285.
47 Constitution of India (As Amended up to the Constitution/Forty-fourth Amendment/ Act, 1978), Lucknow 1979, S. 5.
48 Ebenda, S. 120 f.

49 Mahesh H. Dave, Backward Classes and Reservation. In: Haroobhai Mehta/ Hashmukh Patel (Hrsg.), Dynamics of Reservation Policy, Delhi 1985, S. 97.
50 Vgl. Petra Heidrich, Die Kaste im Spannungsfeld von Säkularismus und Kommunalismus: Bürgerrechte als Gegenstand von Kastenkonflikten im heutigen Indien. In: Dietrich Reetz (Hrsg.), Die "Reorientalisierung" des Orients? Zur Rolle der Tradition in Gesellschaftskonflikten der achtziger Jahre. In: asien, afrika, lateinamerika, Berlin, Sonderheft 4/1991.
51 Vgl. Census of India, 1931, Bd. I, Teil I, a.a.O., S.466.
52 Berechnet nach: Census of India, 1931, Bd.I, Teil II - Imperial Tables, Delhi 1933, S. 584, 530, 524.
53 Berechnet nach: ebenda, S. 459, 453.
54 Vgl. Census of India, 1931, Bd. I, Teil I, a.a.O., S. 463.
55 Berechnet nach: Census of India, 1931, Bd. I, Teil II, a.a.O., S. 525, 524.
56 Berechnet nach: ebenda, S. 584, 535, 574.
57 M.S.A. Rao, Social Movements and Social Transformation. A Study of Two Backward Classes Movements in India, Delhi etc. 1979, S.132 ff.
58 Vgl. Hetukar Jha, Lower-Caste Peasants and Upper-Caste Zamindars in Bihar (1921-1925): An Analysis of Sanskritization and Contradiction between the Two Groups. In: The Indian Economic and Social History Review, Delhi 14 (1972) 4, S. 550 ff.
59 M.S.A. Rao, a.a.O., S. 154 ff.
60 Lloyd I. Rudolph/Susanne Hoeber Rudolph, In Pursuit of Lakshmi. The Political Economy of the Indian State, Bombay 1987, S. 50.
61 Vgl. Ghanshyam Shah, Caste, Class and Reservation. In: Haroobhai Mehta/Hashmukh Patel, a.a.O., S. 116 f.
62 Vgl. Francine R. Frankel, Caste, Land and Dominance in Bihar. Breakdown of the Brahmanical Social Order. In: Francine R. Frankel/M.S.A. Rao (Hrsg.), a.a.O., Bd. I, S. 88 ff.
63 Vgl. Zoya Hasan, Power and Mobilization: Patterns of Resilience and Change in Uttar Pradesh Politics. In: Francine R. Frankel/M.S.A. Rao (Hrsg.), Bd. I, S. 182.
64 Arun Sinha, Bihar: Advancing Class Interests in the Name of Caste. In: EPW, 22.4.1978, S. 675.
65 Vgl. Gail Omvedt, 'Twice-Born' Riot against Democracy. In: EPW, 25 (1990) 39, S. 2196.
66 Francine R. Frankel, Conclusion. Decline of a Social Order. In: Francine R. Frankel/M.S.A. Rao, a.a.O., Bd. II, S. 504.

*In der Reihe **Arbeitshefte** des Forschungsschwerpunktes Moderner Orient erscheinen demnächst:*

HEIKE LIEBAU: Die Quellen der Dänisch-Halleschen Mission in Tranquebar in deutschen Archiven. Ihre Bedeutung für die Indienforschung

JÜRGEN HERZOG: Kolonialismus und Ökologie im Kontext der Geschichte Tansanias - Plädoyer für eine historische Umweltforschung

GERHARD HÖPP: Arabische und islamische Periodika in Berlin und Brandenburg, 1915 - 1945. Geschichtlicher Abriß und Bibliographie

DIETRICH REETZ: Auszug aus dem ungeliebten Land. Die Khijrat der Bauern aus Nordindien im Sommer 1920

Bei Fragen zur Produktsicherheit wenden Sie sich bitte an:
If you have any questions regarding product safety,
please contact:

Walter de Gruyter GmbH
Genthiner Straße 13
10785 Berlin
productsafety@degruyterbrill.com